Queen & Freddie Mercury

Queen & Freddie Mercury

José Luis Martín

Un sello de Redbook ediciones
Indústria 11 (pol. Ind. Buvisa)
08329 Teiá (barcelona)
info@redbookediciones.com
www.redbookediciones.com

© 2017, José Luis Martín Caperote
© 2017, Redbook Ediciones, s. l., Barcelona

Diseño de cubierta: Regina Richling
Diseño de interior: Cifra

ISBN: 978-84-946961-1-4
Depósito legal: B-15.575-2017

Impreso por Sagrafic,
Plaza Urquinaona 14, 7º-3ª
08010 Barcelona

Impreso en España - *Printed in Spain*

Índice

Índice

Introducción

La importancia del universo Queen

La primera vez que tuve conciencia de que estaba escuchando a Queen tenía dieciséis años y estaba en una desaparecida tienda de discos de L'Hospitalet, Barcelona, llamada Discomanía, donde iba a pasar los ratos libres del instituto viendo carátulas, leyendo los créditos y sin comprar nada. El encargado era lo más parecido al Profesor Bacterio de *Mortadelo y Filemón* y se lo tomaba como una adopción filantrópica digna de una ONG, «Capullos sin fronteras». Allí escuchaba Pink Floyd, Led Zeppelin, Deep Purple, Supertramp, Motörhead, Thin Lizzy y muchos más, prefabricando un *background* mental que me ayudaría a componer mi discografía cuando tuviera pudientes.

Allí estaba con algún descerebrado más, cuando sonó algo que parecía la banda sonora de una película de Fu Manchú, un gong anunciando una melodía oriental que se iba desvaneciendo para ¡¡boom!! un riff de guitarra demoledor y una prodigiosa voz que provocó que mi imberbe testosterona hiciera de las suyas. Salí escopeteado hacia la mesa del encargado, que al verme llegar desencajado sonrió, me impidió hablar con un gesto y señaló su oreja para que escuchara. Fueron los tres minutos más largos de mi pubertad, escuchando con algo más que el bello de punta y sin poder soltar algún improperio digno de mi insolente ignorancia como: «¿qué cojones es esto?». Igual que el maestro Kwai Chang hacía con El Pequeño Saltamontes en la serie *Kung Fu*, me dijo suavemente: «Tie Your Mother Down... Queen».

Hice novillos porque puso todos los discos de Queen (hasta *Jazz*), tras la audición reveladora. El Dr. Bacterio me aseveró en sentencia incuestionable: «Tu eres de Brian May», porque mis temas favoritos eran «Keep Your Self Alive», «Brighton Rock», «Now I'm Here», «We Will Rock You» y la parte rockera de «Bohemian Rhapsody».

Me convertí en un obsesionado fan de Queen, hasta el punto que cuando me pude comprar un tocadiscos decente, mi primera adquisición fue *The Game*, siendo el único álbum que he comprado en vinilo, cassette y CD.

Pero Queen, como podréis comprobar en el libro, despierta sensaciones viscerales contradictorias; les puedes amar u odiar, que es lo que sucedió con el álbum *Hot Space*; dejé de ser un fan reconociendo que habían sido grandes en otra época. Ni siquiera presté atención a los demás trabajos, más allá del interés profesional, pues estaba sumergido en el ultramundo de la radio musical no comercial.

La actuación del *Live Aid*, que disfruté por televisión y en una cassette grabada del concierto –hasta que un reproductor traidor de un Talbot Horizon se la comió–, me reconcilió con la banda, y pude disfrutar más de lo que recuerdo de la gira de *A Kind Og Magic* en el Mini Estadi del FC Barcelona. También he de reconocer que se me escaparon unas lágrimas cuando me enteré de la muerte de Freddie Mercury. Más que por ser una muerte por sida, que a todos nos tenía aterrorizados durante aquellos años, porque llegué a la conclusión de que había formado parte de mi vida de una forma importante.

Queen pasó a ser parte de mi *background* como una de las bandas que me habían ayudado a crecer, pero he aquí, que mi hija Sara descubrió por su madre «Bohemian Rhapsody» y como digo en varias ocasiones en el libro, se cerró el círculo.

Sara nació cinco años después de que Freddie Mercury falleciera y lo conocería en el mejor de los casos cuando habían pasado diecisiete años desde *Innuendo*, pero pasó a ser su inspiración, su estrella polar y una de las personas que más han influido en su vida. No me preguntéis el porqué, lo desconozco y escaparía incluso a las tesis de astrofísica de Brian May. Es algo mucho más grande que la sentencia de Freddie Mercury «la muerte vende más», no es negocio, es mágico, una conjugación de astros intergeneracional.

Mercury provoca un revival constante en la memoria de la gente que lo escucha y desde el momento que te atrapa, puedes escapar, pero tarde o temprano vuelves a caer en su red.

Me pasó al redescubrir los mismos discos que me habían marcado, pero ahora para influir en una generación que hablaba un lenguaje diferente, a años luz del nuestro, y para quienes posiblemente sea la música el mejor vehículo de cohesión y entendimiento mutuo. Discos, singles, entradas de concierto, vídeos, libros, la nueva generación post Mercury lo devora todo, lo asimila a su manera y lo externaliza como sabe, con su lenguaje, su idiosincrasia, su cultura, sus tatuajes y su entendimiento.

Eso es lo que vais a encontrar en este libro, el entusiasmo adolescente de quien descubrió a Queen cuando el mundo era casi todo en blanco y negro, el desengaño, la infidelidad, la frialdad del distanciamiento y el reencuentro con tu propia historia a través de los ojos de una nueva generación.

Ese es el mejor legado de Queen: su música, su historia, sus victorias y sus derrotas han traspasado el ámbito generacional. Cuando el pasado 22 de mayo del 2016 asistí con mi hija al concierto de Queen + Adam Lambert en el Palau Sant Jordi de Barcelona, comprendí qué es Queen. Se trata de una comunión intergeneracional a través de la música; abuelos, padres, hijos y nietos en perfecta sintonía, varias generaciones visualizando lo que un astrofísico, un dentista, un técnico electrónico y un diseñador pretendían: ¡conquistar el mundo y conquistarlo ya!

Tardé cuarenta años en entender qué significaba Queen y sobre todo Freddie Mercury, pero al final creo que lo asimilé, y me apoyo en unas palabras de Brian May para explicarlo: «Vivió la vida al máximo. Devoró la vida. Celebró cada minuto. Y, como un gran cometa, dejó un rastro luminoso que brillará para muchas generaciones venideras».

1. MIEMBROS DE QUEEN

FREDDIE MERCURY

Nacido para brillar

Todo lo que se pueda escribir sobre Freddie Mercury se queda corto para reflejar lo que significó para Queen, la música y el espectáculo en general. Se trata sin duda alguna de una de las figuras más importantes del mundo de la música del pasado siglo, un personaje carismático capaz de iluminar con su personalidad el universo musical, encandilar a millones de fans y ganarse el respeto de la gran mayoría de compañeros de profesión.

Su trágica desaparición, siendo la primera gran celebridad de la música que fallecía a consecuencia del sida, no hizo otra cosa que encumbrar su figura hasta lo más alto, traspasando las barreras de lo estrictamente musical.

Recordemos que Rock Hudson fue el primer famoso en reconocer estar afectado por el virus VIH, falleciendo el 2 de octubre de 1985, casi seis años antes que Mercury.

Freddie Mercury se convirtió en un icono de la lucha contra el sida, ayudado por el apoyo incondicional de sus compañeros de banda y la liturgia que se creó en torno a su figura una vez fallecido. Era una época donde el sida todavía se veía como una maldición, un castigo divino, una plaga que solo castigaba a quien lo merecía y los infectados eran apestados, expulsados y excluidos de cualquier actividad social; pero todo comenzó a cambiar cuando Freddie Mercury en rueda de prensa declaró su enfermedad.

«He procurado mantener oculta esta situación para proteger mi vida privada y la de quienes me rodean, pero ha llegado el momento de que mis amigos y fans de todo el mundo conozcan la verdad, y espero que todos se unan a mí, a mis médicos y a todos cuantos luchan por combatir esta terrible enfermedad, para luchar contra ella...».

¿Dónde está Zanzíbar?

Farrokh Bulsara, más conocido como Freddie Mercury, nació en el Shangani Govt. Hospital de Stone Town, Zanzíbar, el 5 de septiembre de 1946. Zanzíbar era un protectorado británico que se integró en Tanzania el año 1964 al unirse a Tanganica.

Sus padres Bomi (1908-2003) y Jer Bulsara (16 de octubre de 1922-13 de noviembre de 2016), eran miembros de la comunidad parsi en la región de Gujarat, perteneciente a la presidencia de Bombai, en la India Británica. El padre de Mercury, Bomi Bulsara, trabajaba para el gobierno británico como cajero de la Secretaria de Estado de las Colonias, tuvo que trasladarse a Zanzíbar para ingresar en la Oficina Colonial Británica como Tesorero del Tribunal Supremo (Korti Kuu). Zanzíbar fue donde asentó a su familia y nacieron Farrokh y su hermana pequeña Kashmira Cooke Bulsara.

Los Bulsara practicaban la religión zoroástrica, siendo su madre una persona muy respetada en dicha comunidad. El zoroastrismo, que recibe el nombre de su fundador y reformador iraní Zoroastro (Zarathustra), reconoce como divinidad a Ahura Mazda, considerado el único creador de todo.

Los pequeños Bulsara comenzaron sus estudios en un colegio de misioneros en Zanzíbar, pero su familia se sentía muy orgullosa de su descendencia persa y siguieron practicando el zoroastrismo.

Buscando su camino

Mercury comenzó a tomar clases de piano a los 7 años, alentado por su madre que veía en el niño actitudes especiales para las artes. En febrero de 1954, con 8 años, lo trasladaron con su abuela y su tía Sheroo Khory a estudiar al St. Peter's School, un internado de estilo británico para niños en Pachgani, cerca de Bombay, en la India. Aquí fue donde empezó a ser más conocido como Freddie, sobrenombre que adoptó definitivamente desterrando el de

Freddie Mercury ha sido una de las figuras más importantes del mundo de la música del pasado siglo.

Farrokh, incluso con su familia. El joven Bulsara era un gran aficionado al deporte y en concreto al boxeo, disciplina que comenzó a practicar de forma muy seria en el St. Peter's, hasta el punto de entrar en el equipo de la escuela y ganar numerosos combates en su primera temporada. No obstante la insistencia de Jer, su madre, le hizo recapacitar y abandonar un deporte que a su progenitora le parecía muy violento, cambiando los guantes por las raquetas de ping-pong, que tampoco se le daban mal, llegando a ser campeón escolar de esta disciplina.

Jer Bulsara, su madre, siempre ejerció una gran influencia sobre su hijo Farrokh, siendo una de las personas más importantes de su vida. Jer, siempre pensó que su hijo tenía actitudes artísticas y no cesó en su empeño de moldearle para que su camino fuera por esos derroteros. Los estudios de piano eran muy importantes para ella y convenció al pequeño Bulsara para que se apuntara a clases de interpretación y danza, algo que dejaría marcado a Freddie y le trasformaría la vida.

El talento musical de Mercury llamó la atención del decano, que convenció a sus padres para que le pagaran clases adicionales de música, llegando a alcanzar el cuarto grado de piano. Durante la permanencia en esa institución Freddie montó su primer grupo musical, The Hectics, banda que actuaba solamente en fiestas y cumpleaños escolares y que interpretaba canciones de Cliff Richards y Little Richard.

En esta formación, ejercía de pianista y le acompañaban Derrick Branche a la guitarra, Bruce Murray vocalista y líder de la banda, Farang Irani como bajista y Victory Rana de batería. Las primeras influencias musicales de Farrokh llegaron de la mística música hindú, de los sonidos clásicos y algo del rock and roll que por entonces se producía en otras partes del planeta.

Una de sus primeras influencias musicales fue la estrella de Bollywood Lata Mangeshkar, cantante india que inició su carrera musical en 1942, cuando solo tenía 12 años, y que llegó a grabar canciones en más de 1.000 películas y en 20 lenguas diferentes de la India, principalmente el hindi y marathi. Freddie Mercury nombró a Lata como una de sus influencias musicales más importantes desde que la vio en un concierto en la India.

En septiembre de 2016, el magazine *Scroll.in* consiguió hablar con los componentes de The Hectics que explicaban lo caótica y divertida que fue esa experiencia. Bruce Murray, quien creó el grupo, decía: «Empezamos la banda principalmente para impresionar a las chicas. Ciertamente no éramos músicos. Sí, Freddie era un gran músico, pero el resto de nosotros solo hizo mucho ruido. Pero conseguimos nuestro objetivo, porque las chicas realmente nos amaban».

La personalidad de Freddie en aquella época ya dejaba imprenta por donde pasaba, como asegura Farang Irani, el bajista de la banda: «The Hectics se hizo muy famoso en Panchgani. Todos los chicos de la escuela acostumbraban acudir a nuestros conciertos, especialmente las chicas. Pero la razón principal de nuestro éxito fue Freddie». En aquella época, fue cuando sus amigos del colegio comenzaron a llamarle Freddie, traducción más o menos fiel de Farrokh al inglés, y él firmaba en ocasiones como Frederick.

La anécdota la contaba Peter Patrao, su antiguo profesor de matemáticas en el St. Peter's, en una entrevista en *The Aerogram* en el año 2013: «Era un muchacho bastante indeciso con dientes de ciervo. Los niños lo llamaban Buckie, lo que él odiaba, por eso comenzó a utilizar el nombre de Freddie».

En febrero de 1962, con 16 años, se mudó de nuevo a Zanzíbar con sus padres.

La llegada a Inglaterra

En 1963 el gobierno británico había concedido la independencia a una serie de islas que se encontraban en la costa oriental de Tanganika, entre ellas la isla de Zanzíbar. El 12 de enero de 1964, 800 insurgentes la mayoría de origen africano, ayudados por policías despedidos tras la independencia, atacaron las comisarías, armerías y estaciones de radio dando comienzo a una cruenta revolución que duró tan solo 12 horas en las que murieron más de 80 personas y resultaron heridas otras 200, la gran mayoría de origen árabe.

Ese mismo día fue derrocado el sultán Jamshid Bin Abdullah de Zanzíbar y su gobierno principalmente árabe. El gobierno británico evacuó a la población británica y el cuerpo de empleados públicos inmediatamente, completándose dicha evacuación el 17 de enero. El 23 de abril Tanganika y Zanzíbar se unieron, pasando a ser lo que hoy se conoce como Tanzania.

La familia Bulsara se trasladó a Inglaterra huyendo de la violencia en Zanzíbar; curiosamente, Freddie Mercury no volvió a visitar Zanzíbar ni la India en toda su vida.

El 5 de agosto de 2006, un mes antes de que se cumplieran los sesenta años del nacimiento de Freddie Mercury, Simai Mohamend, dueño de un restaurante de Zanzíbar llamado Mercury en su honor, organizó una fiesta en homenaje al cantante de Queen, proclamando el orgullo de tener un compatriota en lo más alto del universo rock. Azan Khalid, líder regional de la Asociación por la Movilización y la Propagación Islámica, agrupación pseudo política que tiene el poder en Zanzíbar, prohibió la celebración porque: «Mercury violó el Islam con su estilo de vida extravagante. Por eso lo tildaron de «reina». Cualquier cosa que lo vincule con Zanzíbar es ofensiva y repugnante al mismo tiempo que va contra la fe islámica». Consiguieron que no se celebrase la fiesta en su honor y prohibieron a todos los medios de comunicación que divulgaran cualquier noticia que tuviera que ver con su cumpleaños y con el hecho de ser nacido en Zanzíbar, bajo penas de multa y encarcelamiento a los que desobedecieran la prohibición.

A su llegada a Inglaterra, los Bulsara se establecieron en una pequeña casa en Feltham, en Middlesex, cerca del aeropuerto de Heathrow, en Londres. Freddie continuó su educación en la escuela politécnica de Isleworth (desde 1993 College West Thames); además de sus estudios de arte, en sus primeros años ingleses trabajó en un servicio de catering cerca del aeropuerto y en un almacén en la zona comercial en Feltham.

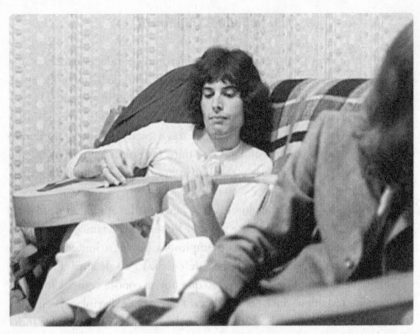

En 1969, Mercury comenzó a compartir piso con Roger Taylor, con quien tenía un puesto del mercadillo de Kensington vendiendo ropa y pinturas.

Freddie se matriculó en el Isleworth Polythecnic y, durante las vacaciones, se empleaba en trabajos eventuales para ganar un dinero extra. Hacia 1966, Freddie ingresó como alumno de la Ealing Art School, donde comenzó a estudiar para convertirse en diseñador gráfico, aunque su interés por la música había ido creciendo. Con todo, consiguió graduarse en Arte y Diseño Gráfico en Ealing Art College (actualmente el campus de Ealing de la Universidad de West London).

El entorno de Smile

Freddie abandonó su casa y alquiló un piso en el barrio de Kensington, cerca del mercado, centro neurálgico de bohemios y gente de la farándula que modificaron la forma de ver las cosas del joven Bulsara. El apartamento lo alquiló junto a un compañero de Ealing Art School llamado Chris Smith. Por aquellos días, el joven diseñador Freddie Bulsara creó una línea de ropa y comenzó a venderla en el Kensington Market, lugar donde los nuevos creadores tenían un hueco al amparo de las nuevas tendencias y movimientos del *underground* contracultural. Se inicia una época turbulenta con muchos cambios en su vida. Al parecer militó en varias bandas sin importancia, intentando encontrar su camino en la música. Se unió a una banda de Liverpool llamada Ibex que más tarde se rebautizaron como Wreckange. El 23 de agosto de 1969, Freddie debutó en público con Ibex, formada por Mike Bersin, John Tupp Taylor y Mick Miffer Smith.

Un mes más tarde, el grupo cambió de batería y de nombre. Miffer abandonó la formación y dejó su sitio a Richard Thompson, ex componente de 1984, la banda de Brian May. Con la banda Wreckange, Farrokh Bulsara comenzó a componer algunos temas, entre ellos el embrión de lo que años más tarde sería «Stone Cold Crazy», pero ningún tema tuvo excesiva repercusión salvo un tema menor llamado «Green», insuficiente para detener la separación de la banda.

Se trasladó a Liverpool, malviviendo en una habitación sobre el pub The Dovedale Towers, intentando que la aventura musical llegara a buen puerto. Duró poco esa estancia en Liverpool, ya que como la cosa no cuajó se volvió a Kensington, donde tenía formalizado su cuartel general.

Por entonces también trabó muy buena amistad con Tim Staffell, otro amigo de Ealing que formaba parte de un grupo llamado Smile, en el que tocaban Brian May y Roger Taylor. Freddie se convirtió en seguidor y fan número uno de la banda. En 1969 comenzó a compartir piso con Roger Taylor, con quien tenía un puesto del mercadillo de Kensington vendiendo ropa y pinturas.

Fueron los días que conoció a una jovencita que trabajaba en una tienda de moda llamada Biba, en pleno barrio de Kensington, muy cerca de donde él y Taylor tenían el chiringuito de ropa. La joven se llamaba Mary Austin y tenía 17 años, mientras que Freddie ya alcanzaba los 24. Provenía de una familia bastante humilde del oeste de Londres, el padre trabajaba como cortador en un telar de tapices y su madre era empleada de hogar.

Mary dejó el colegio a los 15 años para ponerse a trabajar y tras varios tumbos laborales fue a parar a Biba, tienda por la que pasaban muchas de las celebridades del universo musical de Londres.

La eterna novia

En un principio Mary conoció a Brian May tras un concierto de Smile y, si bien no llegaron a tener una relación como pareja, sí que se les veía juntos en todas partes. Con el paso de las semanas Mary se fijo en el muchacho que acompañaba a la banda pero no era componente, Freddie Bulsara.

Mary y Freddie se convirtieron en algo más que novios. Mary siempre fue la persona en la que más confió Mercury, la persona a la que más quiso y que siempre procuró tener a su lado, la persona que comprendió su homosexualidad y la que lo cuidó cuando tuvo sida.

Después de su madre, Mary fue la persona más importante en la vida de Freddie Mercury. Tal como él declararía años más tarde: «Todos mis amantes me preguntan por qué no pueden reemplazar a Mary, pero es simplemente imposible».

Freddie Mercury y Mary Austin convivieron durante seis años como pareja sentimental, seis años en los que la relación estuvo marcada por la eterna devoción de Mary hacia Mercury. Una devoción que fue premiada con numerosas infidelidades que Mary soportó estoicamente sin rechistar.

Mary era una persona tímida, que no le gustaba destacar y que contrastaba con la personalidad pública de Mercury, aunque en el fondo también era un tímido y retraído; quizás por eso necesitaba a Mary cerca de él, para que le sirviera de punto de apoyo, de faro para no perder el puerto de retorno.

Seis años que se fueron debilitando a base de infidelidades, soledad y la llegada del éxito y la fortuna para Freddie, que disparó más su excentricidad y su libertinaje, y acabaron por separarles como pareja, pero jamás como confidentes y amigos, casi hermanos.

Freddie compró una majestuosa mansión de lujo en Holland Park llamada Garden Lodge, pero no quiso o no pudo separarse de Mary, por lo que le compró un apartamento justo al lado de la mansión y la convirtió en su secretaria personal y en la gestora de Queen.

Ella era la jefa, la chica para todos los caprichos de Freddie. Se transformó en su madre, su secretaria, su persona de confianza. Todo en uno. Freddie la llamaba la «vieja fiel».

Mary fue la primera persona que conoció la homosexualidad de Freddie, posiblemente mucho antes que él mismo. En una ocasión, tras una de las infidelidades de Mercury y al pedir explicaciones pensando que estaba con otra mujer, Freddie le dijo que pensaba que era bisexual, pero Mary le contestó: «No, Freddie, yo no creo que seas bisexual. Creo que eres gay».

Mary supo que Freddie tenía el sida, justo al saber que estaba embarazada de su segundo hijo. Tan fuerte era lo que sentía por Freddie que sin tener mucha información sobre la enfermedad, incluso desaconsejada por los médicos en su estado de gestación, bajo la creencia errónea de que el sida era

Mary Austin y Freddie se convirtieron en algo más que novios. Mary siempre fue la persona en la que más confió, a la que más quiso y a quien siempre procuró tener a su lado.

una enfermedad de alto riesgo de contagio (en aquella época algunos apocalípticos anunciaban que se podía transmitir por el aire, por el sudor, con un apretón de manos…), ella decidió quedarse a su lado el resto de sus días. Pero de eso, ya hablaremos más adelante.

Mercury le escribió varias canciones a Mary. La más famosa de todas ellas, por supuesto, «Love of my life», escrita a mediados del año 1975 y que estaba incluida en el álbum *A Night At The Opera*:

«Amor de mi vida / me has herido. / Has roto mi corazón y ahora me dejas. / Amor de mi vida, ¿es que no lo ves? / Devuélvemelo, devuélvemelo / No te lo lleves / porque tú no sabes / lo que significa para mí. / Amor de mi vida no me dejes. / Has robado mi amor, ahora me abandonas. / Amor de mi vida, ¿es que no lo ves? / Devuélvemelo, devuélvemelo / No te lo lleves / porque tú no sabes / lo que significa para mí.

»Ya no recordarás esto / cuando haya terminado / y todo siga su camino. / Cuando yo llegue a viejo / estaré a tu lado / para recordarte cuánto / te amo todavía / te amo todavía. / No tardes en volver. / No te lo lleves / porque tú no sabes / lo que significa para mí. / Amor de mi vida, amor de mi vida.»

Sour Milk Sea, el trampolín a Queen

Tras la separación de Wreckage, Freddie comenzó otra vez a buscar un nuevo grupo y respondió a un anuncio publicado en el *Melody Maker* de la banda Sour Milk Sea.

Sour Milk Sea era una formación inglesa de blues rock creada en 1969 por Chris Chesney a la guitarra solista y líder, Jeremy Gallop como guitarra rítmica, Paul Miline como bajista y Boris Williams que años más tarde sería el batería de The Cure, anteriormente se habían llamado Tomato City, pero inspirados por un tema de George Harrison que grabó Jackie Lomax, decidieron cambiar su nombre.

Poco antes de la entrada de Mercury, se marchó Williams y fue sustituido por Robert Tyrell, con quien la banda alcanza el status de profesional abriendo conciertos para bandas como Deep Purple o los primitivos Taste de Rory Gallagher. El grupo alcanzó una considerable fama que le repercutía en poder disfrutar de numerosos conciertos con audiencias superiores a 100 personas, sin embargo la banda carecía de un verdadero cantante y *frontman* por lo que decidieron solucionarlo colocando un anuncio en la revista *Melody Maker*.

A dicho anuncio contestó el joven Freddie Bulsara, declarándose fan incondicional de Jimi Hendrix y Led Zeppelin, dos iconos que entusiasmaban a los miembros de Sour Milk Sea. Según los componentes de Sour Milk Sea, Freddie se presentó a la audición en el Club Juvenil de la Iglesia de Dorking, como si fuera una auténtica estrella del rock'n'roll, todo vestido de negro y con aires de grandiosidad; se presentó como Fred Bull.

Freddie Bulsara realizó una gran audición, más por garra y por puesta en escena que por la calidad de su voz, algo imberbe y sin pulir. Su compañero en la banda, Rob Tyrell, recuerda esa audición: «Freddie hizo una audición con nosotros en un club juvenil en Dorking. Estábamos todos impresionados. Estaba muy seguro. No creo que haya sido una gran sorpresa para él cuando le ofrecimos el trabajo».

Chris Chesney, confirma la impresión que causó Freddie: «Recuerdo que Freddie estaba muy enérgico y se movía mucho en la audición, subiendo y soltando el micrófono hacia mí durante los solos de guitarra. Era impresionante. Hubo una vibración inmediata. Tenía una gran gama vocal. Cantó el falsete y nadie más tenía descaro para hacer eso». De esta forma en febrero de 1970 se convirtió en el vocalista de Sour Milk Sea.

Chesney se quedó maravillado con la personalidad de Freddie dentro y fuera del escenario y al cabo de pocas semanas eran inseparables, combinando sus ensayos con Sour Milk Sea con las visitas al local de Smile, la banda donde militaban sus amigos Roger Taylor y Brian May y por la cual Freddie se sentía atraído y sabía que era inevitable que le pedirían que fuera su cantante.

Freddie con Sour Milk Sea ganó maestría, destreza y pulió su descaro escénico, que no era otra cosa que una máscara para ocultar su enorme timidez. Durante un tiempo la banda ofrecía al menos tres conciertos a la semana, lo que ayudó a que Freddie educara su voz en directo.

Su eterna admiración por Hendrix le llevo a pasarse horas delante de un espejo imitando los solos del guitarrista zurdo con una regla como guitarra. De Hendrix le gustaba todo, no era convencional, era negro, es decir medio africano y medio americano, mientras que él era medio africano y medio inglés, no hacía nada previsto; los guitarristas hasta el momento eran aburridos, estáticos y ensimismados en verse a si mismos tocando la guitarra, tipos como Eric Clapton, Jeff Beck, David Gilmour, eran estupendos guitarristas pero tremendamente aburridos en escena. Él admiraba a Pete Townshend de The Who, a Jimi Hendrix o bandas como Led Zeppelin, pero sobre todo Hendrix, que tocaba con los dientes, se echaba la guitarra a la nuca, hacía el amor con ella, se contorsionaba lascivamente e incluso la llegó a quemar

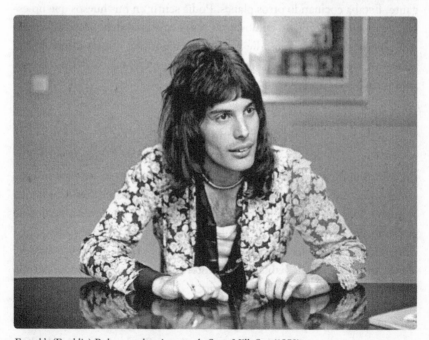

Farrokh (Freddie) Bulsara en los tiempos de Sour Milk Sea (1970).

en alguna ocasión. Freddie era un auténtico fan de Hendrix hasta el punto de ver todas las actuaciones que el guitarrista ofreció en Inglaterra en su primera visita.

La admiración que sentía por Hendrix le llevó a asumir en los conciertos el rol de guitarrista mudo, tocando los solos de guitarra de Chris Chesney en el atril del micro, echando el cuerpo para atrás como si estuviera en trance hasta que en un concierto el atril se arrancó del resto de la jirafa y se quedó con el micro y la mitad del atril colgando, y así lo utilizó el resto del concierto como guitarra imaginaria. Esta anécdota se convirtió años más tarde en una imagen icónica del rock, ya que Mercury la popularizo en sus conciertos con Queen, cantando con un atril corto que todo el mundo reconoce hoy en día y que utilizan más vocalistas, como Axl Rose de Guns'n'Roses.

Sour Milk Sea creció mucho con Freddie en muy poco tiempo, pero también es verdad que al mismo tiempo crecía el vocalista y futuro líder y que la banda se le quedaba pequeña. Estuvieron juntos hasta abril de 1970, llegando a telonear a Black Sabbath, el grupo heavy más importante del momento, pero las discrepancias del resto del grupo con Freddie y con Chris Chesney, que le seguía a todas partes, cerraron la carrera de una prometedora banda.

Según cuenta Rob Tyrell: «Él era divertido, pero en cierto modo era intrigante. Estaba cocinando otros planes. Podía sentir en mis huesos que no estaba realmente interesado en nosotros. Sabía que era bueno. Nos usó como una especie de escalón. Freddie había pasado por tres grupos diferentes en menos de siete meses. ¿Qué sigue? Finalmente persuadió a Brian y Roger para formar esa banda».

La llegada a Queen

Freddie Bulsara y Chris Chesney se habían convertido en amigos inseparables y compartían piso además de su afición por la banda Smile, a la que seguían a todas partes. De hecho, Freddie, utilizando sus conocimientos de grafismo, les diseñó el logo de una boca sonriente, a la que le brillaba una dentadura blanca perfecta, acompañada de la frase «Don't Forget to Smile». Desde siempre Freddie había sentido interés por cantar con Smile, pero la banda parecía que no le tomaba en serio.

En los conciertos de Smile se colocaba en primera fila con pompones a modo de animadora y les indicaba, sobre todo a Brian, cómo se debía mover para no parecer aburridos. Su relación con Roger Taylor iba creciendo día a día en detrimento de la amistad con Chris Chesney, que llegó a cuestionarse en más de una ocasión si entre ellos no había algo más que una amistad y no era el único, ya que por los ambientes de Kensington Market se les llamaba las *Reinas* por los cabellos largos que lucían, las baratijas y pañuelos que se colgaban, la ropa que se diseñaban y porque jugaban en ocasiones a la ambigüedad sexual.

Pero con Taylor además le unía su pasión por Jimi Hendrix y Led Zeppelin, se podían pasar horas escuchando sus discos y hablando de los conciertos, todo eso acompañado de la pasión por la moda y la gran capacidad de juerga que los dos albergaban. Según confesó años más tarde el propio Taylor: «Allí donde había diversión, travesuras y a ser posible algo escandaloso, Fred y yo estábamos metidos».

Al poco de separarse Soul Milk Sea, Smile perdió a su bajista y cantante Tim Staffell, decepcionado por el fracaso del primer sencillo editado por Trident Studios y lanzado en mayo de 1969 por Mercury Records en Estados Unidos. Un fracaso comercial que cortaba de raíz sus aspiraciones.

La primera reacción de Brian May y Roger Taylor fue la de abandonar y retornar a sus estudios, pero el fan número 1, Freddie Bulsara les convenció para seguir y admitirle a él como nuevo vocalista.

Lo primero que hicieron fue cambiar el nombre de la banda, ya que Freddie no iba a consentir ser el sustituto de nadie y quería una historia nueva donde él fuera parte del protagonismo, por no decir el protagonista principal. Según se dice fue Roger Taylor quien propuso el nombre de Build You Own Boat, que no acabó de cuajar entre el resto de los componentes de la banda. Brian May con el apoyo de Taylor propuso Grand Dance extraído de la trilogía *Out of the Silent Planet* de C.S. Lewis, nombre que entusiasmó a Mary Austin, la novia de Freddie, pero se impuso el criterio del nuevo vocalista y la banda se llamó Queen, no se sabe si se apoderó de los comentarios que hacían de él y Taylor en Kensington Market, pero el caso es que lo de *Reinas* en tono despectivo pasó a ser Queen, una de las bandas más grandes de la historia de la música de estos dos últimos siglos.

El vocalista de Queen

Freddie cambió su apellido Bulsara por el de Mercury, por ser más comercial y estar más occidentalizado ya que pensaba que Bulsara le podía proporcionar prejuicios injustos. El nombre de Mercury lo extrajo del tema «My

Freddie tocaba el piano desde niño y realmente no lo hacía mal, aunque no se le podía considerar un virtuoso del instrumento.

Fairy King» que había escrito ya para Queen y que aparece como cuarto surco del álbum debut de la banda. En el texto se puede escuchar «Mother Mercury, look what they've done to me...» (Madre Mercurio, mira lo que me han hecho...). Según contaría más tarde Brian May, Freddie les presentó la canción como un diálogo con su madre y les dijo que hasta allí llegaba Freddie Bulsara y nacía Freddie Mercury. Se trató de la desconexión total de su pasado y su familia con el mundo que iba a conquistar, el del escenario. Tal y como se definía el propio Mercury, él era un monstruo extrovertido en el escenario y un tímido e introvertido hombre común fuera de las luces.

Precisamente esa canción, «My Fairy King», fue la primera donde apareció Mercury tocando el piano para Queen. El surco dos del mismo disco, «Doing Alright» contiene melodías de piano, aunque ese piano lo interpretó Brian May.

Freddie tocaba el piano desde niño y realmente no lo hacía mal, aunque no se le podía considerar un virtuoso del instrumento. El problema de Freddie con los instrumentos que tocaba era su enorme autocrítica y siempre le embargaba la sensación de desastre cuando debía enfrentarse a las tareas de tocar. Las composiciones de Mercury siempre estaban sacadas a piano o guitarra, instrumento que también dominaba y que era el escogido generalmente para componer, debido a que sus influencias de esos inicios eran bandas muy cargadas de guitarra, The Who, Jimi Hendrix y Led Zeppelin sobre todo.

No obstante, Freddie interpretó el piano en concierto hasta principios de los años 80 cuando prefirió delegar los teclados en directo a pianistas contratados y liberarse para volcarse en el show, pero siempre tenía sus momentos de gloria al piano en cada show, «Bohemian Rhapsody», «We are the Champions», «Somebody to Love», etc... así como la guitarra acústica en otras canciones, «Ogre Battle» o «Crazy little Thing Called Love».

Como suele pasar en el mundo del rock, las parejas compositivas siempre han dado las mejores alegrías a los fans al mismo tiempo que en algunas ocasiones los han dividido de forma absurda. Dúos de fuertes personalidades como Lennon-McCartney, Jagger-Richards, Page-Plant, Tyler-Perry, etc... En Queen quedaba claro desde el principio que el tándem Mercury-May era el que marcaba la diferencia; aunque poco a poco Taylor y Deacon fueron colaborando y colocando canciones, más de la mitad del repertorio de temas del grupo están compuestos por Freddie Mercury y Brian May, justo en ese orden.

Posiblemente se podría entablar una discusión muy entretenida sobre quién es el mejor autor de Queen y los más rockeros se decantarían por Brian May mientras que los amantes del sonido más ecléctico serían los que se decantaran por Mercury, pero si hemos de elegir al más emblemático este es sin lugar a dudas Freddie Mercury.

De las casi 70 canciones compuestas por Freddie Mercury podemos extraer suficientes temas como para componer un Grandes Éxitos sin apenas fisuras y el ejemplo más claro lo tenemos en la edición del disco *Greatest Hits I* de 1981 y que comprende los éxitos desde el inicio en 1973 hasta el álbum *Flash Gordon* en el 80. De los 17 temas que componen el recopilatorio Roger Taylor no tiene ninguna canción, John Deacon coloca dos temas, mientras que Brian May alcanza cinco, dejando los diez restantes para Freddie Mercury. Canciones como «Bohemian Rhapsody» considerada como una de las más bellas de la historia de la música rock, temas emblemáticos como «Killer Queen», «Bicicle Race», o himnos generacionales como «Don't Stop me now», «Somebody to love» o «We Are The Champions», marcan la categoría de Freddie Mercury como uno de los mejores compositores de su generación.

Esta es la lista de las canciones compuestas por Freddie Mercury para Queen:

«Great King Rat», «My Fairy King», «Liar», «Jesus», «Seven Seas of Rhye»(Instrumental), «Ogre Battle», «The Fairy Feller's Master-Stroke», «The March of the Black Queen», «Funny How Love Is», «Seven Seas of Rhye», «Killer Queen», «Flick of the Wrist», «Lily of the Valley», «In the Lap of the Gods», «Stone cold crazy», «Bring Back That Leroy Brown», «In the Lap of the Gods... Revisited»,«Death on Two Legs (Dedicated to...)», «Lazing on a Sunday Afternoon»,«Seaside Rendezvous», «Love of My Life», «Bohemian Rhapsody», «You Take My Breath Away», «The Millionaire Waltz», «Somebody to Love», «Good Old-Fashioned Lover Boy», «We Are the Champions», «Get Down, Make

Love», «My Melancholy Blues», «Mustapha», «Jealousy», «Bicycle Race», «Let Me Entertain You», «Don't Stop Me Now», «Play the Game», «Crazy Little Thing Called Love», «Don't Try Suicide», «Ming's Theme (In the Court of Ming the Merciless)», «The Ring (Hypnotic Seduction of Dale)», «Football Fight», «The Kiss (Aura Resurrects Flash)» (con Howard Blake), «Vultan's Theme (Attack of the Hawk Men)», «Staying Power», «Body Language», «Life Is Real (Song for Lennon)», «Cool Cat» (con John Deacon), «Under Pressure» (con David Bowie), «It's a Hard Life», «Keep Passing the Open Windows», «Is This the World We Created...?» (con Brian May), «Pain Is So Close to Pleasure» (con Deacon), «Friends Will Be Friends» (con Deacon) y «Princes of the Universe».

Cuando grabaron *A Kind of Magic* Brian May sugirió que las canciones fueran compuestas por los cuatro miembros, siendo la primera de ellas «One Vision». A partir de la edición de este disco, todos los temas fueron firmados como Queen.

Una voz prodigiosa

Es indudable que Freddie Mercury ha sido uno de los mejores vocalistas del siglo XX, su voz ha maravillado a millones de personas y su forma de cantar no ha dejado de sorprender desde que apareció con Queen en 1973.

Él mismo aseguró en varias ocasiones que jamás tomó clases de canto, aunque no debemos olvidar que en su etapa de estudiante en la India cantaba en el coro, al mismo tiempo que sus estudios de piano ayudarían a educar la voz.

Sus propios compañeros confirmaron que Mercury nunca fue un gran pianista, pero que tenía un extraordinario sentido musical, un exquisito oído y una maravillosa facultad de entender la música e interpretarla con su voz.

A finales de los años 70 un crítico británico describió su voz de esta manera: «En la escala de algunos compases va de un gruñido tipo rock gutural a tierno y vibrante tenor, y luego a un tono de alta coloratura, perfecta, pura y cristalina en la parte alta».

Su amiga y admirada Montserrat Caballé, con quien grabó el disco *Barcelona*, dijo refiriéndose a la voz de Mercury: «La diferencia entre Freddie y la mayoría de las estrellas de rock es que él vendía la voz».

Pero ¿cómo era la voz de Freddie Mercury, qué tenía de especial y cómo se entiende? Eso es lo que vamos a intentar explicar ahora, pidiendo disculpas previas al lenguaje algo técnico que se pueda emplear en el texto.

La voz de Freddie Mercury se encontraba en el rango de barítono, pero sin embargo
cantaba con el registro de un tenor, un contratenor o un tenor ligero.

Antes de nada valdría la pena aclarar que la voz masculina puede ser de tenor, barítono y bajo con respectivos puntos medios, mientras que la voz femenina camina entre soprano, mezzosoprano y contralto, siendo muy complicado por no declarar imposible, que se mezclen los términos. De entrada
ya podemos asegurar que Freddie Mercury no tenía voz de soprano como
han escrito en numerosas biografías y artículos, ya que es imposible porque
soprano corresponde a un rango de voz femenina.

La voz de Freddie Mercury se encontraba en el rango de barítono, pero
sin embargo cantaba con el registro de un tenor, un contratenor o un tenor
ligero, llegando a agudos que rozaban el ámbito de la mezzosoprano, que es
una tesitura netamente femenina.

Un estudio realizado hace unos años por el Logopedics Phoniatrics Vo-
cology y dirigido por el científico austriaco Christian Herbst, afirma que
«contrariamente a lo que se pensaba, Mercury era un barítono que cantó
como tenor con un excepcional control sobre su técnica de producción de
voz. Entre los rasgos más peculiares del cantante figura la distorsión inten-
cionada que Mercury usaba para producir el llamado sonido de rugido».

El estudio confirma que el rango de voz utilizado por Mercury no es habitual en los cantantes de rock e incluso es excepcional en los cantantes de
ópera, con la salvedad de que estos si que tienen la voz educada. Sin embargo
encontraron en la forma de cantar de Freddie Mercury un extraño fenó-

meno llamado subarmonía que describen de la siguiente forma: «No solo las cuerdas vocales vibran, sino también unas estructuras de tejido llamadas pliegues ventriculares, que normalmente no se utilizan para hablar ni en el canto clásico».

Mercury también se distinguía por su característico sello de vibrato, una variación rápida y ligera en el tono. La mayoría de los cantantes de rock mantienen un vibrato regular, mientras que el suyo era irregular e inusualmente rápido.

Durante su carrera Mercury tuvo algunos cambios de voz, sobre todo debidos al tabaco. A partir del disco *The Game* de 1980 la voz de Freddie se endurece y se vuelve más grave, perdiendo la facultad de llegar a tonos agudos que si que utilizaba en los discos anteriores. Este hecho provocaría que Roger Taylor y Brian May realizaran los coros más agudos y las segundas voces al mismo tiempo que Mercury canta más, utilizando lo que se conoce como voz de cabeza, menos sutil pero con más potencia.

En el disco *A Kind Of Magic*, se aprecia una nueva tendencia de Freddie Mercury, que es usar mucho menos el falsete y alcanzar las notas más altas con su registro más resonante, perdiendo así dulzura, pero ganando en potencia y volumen.

Freddie Mercury tenía una voz prodigiosa y extraordinaria para una persona que jamás recibió clases de canto, se trataba de un don natural en bruto. ¿Os imagináis por un momento a dónde podría haber llegado si no hubiera fallecido prematuramente?

Roger Taylor comento en una entrevista en 2006: «Mientras los años pasaban para todos, Freddie iba teniendo mejor voz cada día, y la de Brian y la mía empeoraban en todos los sentidos».

BRIAN MAY

La guitarra galáctica

Brian May siempre ha sido para muchos el cerebro en la sombra de Queen, una persona enormemente inteligente que sabía que el protagonismo debía recaer sobre Freddie Mercury y nunca se cansó de repetirlo: «El cantante es el rey. Mercury lo era. Destacaba. Brillaba. Era un chico humilde, de barrio, pero en el escenario se transformaba».

Todo eso cambió con la muerte de Freddie, y Brian, tras un periodo oscuro de su vida decidió tomar las riendas de Queen y desde entonces no las ha dejado. Si bien es cierto que trabaja codo con codo con su amigo y compañero Roger Taylor, es más cierto si cabe que el celo, cariño y énfasis que vuelca en Queen se han convertido en casi una obsesión. Brian May lo controla todo, hasta el más mínimo detalle, desde el sonido de los conciertos y giras hasta la sección *Queen News* de su site *brianmay.com*, donde cada día hay una o varias entradas de interés para los fans de la banda.

Brian Harold May nació el 19 de julio de 1947, en Hampton, Middlesex, Inglaterra.

Brian Harold May nació el 19 de julio de 1947, en Hampton, Middlesex, Inglaterra, hijo único de Harold May y de Ruth Irving Fletcher. Su padre sirvió en la Royal Air Force durante la Segunda Guerra Mundial, mientras su madre que era escocesa, estuvo al servicio de la Women's Royal Air Force. Casi a los dos años de acabarse el conflicto bélico mundial nació Brian May, en época de postguerra y en el seno de una familia trabajadora de clase baja.

Harold May era un cockney, terminó que define a londinenses de clase trabajadora baja del este de la ciudad y sobre todo se refiere a la forma de hablar de éstos, que es muy particular y que a veces se identifica casi como un dialecto del inglés.

Se dice que los cockneys son aquellos individuos nacidos en cualquier lugar de Londres desde donde se puedan escuchar las campanadas de la iglesia de St. Mary-le-Bow y se definen por encima de todo por su jerga particular a la hora de hablar, que consigue que prácticamente no se les entienda nada, dando lugar a la conocida como *Cockney rhyming slang* (Jerga rimada Cockney*)*.

En un principio parece que fue desarrollada por mercaderes ambulantes que la comenzaron a utilizar para avisar a sus compañeros de las cercanías de la autoridad, aunque hay escritos que afirman que fueron los delincuentes de los bajos fondos en la segunda mitad del siglo XIX los que la comenzaron a utilizar. No olvidemos que era la zona de trabajo de Jack El Destripador en 1888.

Algunos cockney famosos son y han sido: Michael Caine, Charley Chaplin, Sid Vicious de Sex Pistols, Steve Harris de Iron Maiden o el rapero Dizzee Rascal. De hecho Brian May es también un cockney y domina la jerga, al igual que su compañera desde el año 1988, la actriz y vocalista Anita Dobson.

El ukelele y las estrellas

Brian comenzó a estudiar en la escuela Hampton Grammar School, para pasar más tarde a una VA School (Escuela Voluntaria), que eran escuelas financiadas en su totalidad por el estado en Inglaterra y Gales, que las dejaban en manos de una fundación que por lo general solía ser una organización religiosa en aquellos años. Actualmente el colegio donde cursó sus estudios es una escuela independiente del estado, es decir una escuela privada llamada Hampton School.

Desde muy pronto el pequeño Brian encontró dos pasiones que le llenaban, la astronomía y la música, sus auténticos hobbies eran escuchar música y ver las estrellas, así que muy pronto comenzó a estudiar las dos cosas. Mientras sacaba muy buenas notas en matemáticas y física, comenzó a rascar las cuerdas de un viejo ukelele de su padre. Fue precisamente su padre quien le enseñó a tocar primero el ukelele y más tarde, con siete años, su primera guitarra acústica.

De esa época Brian sacó las enseñanzas necesarias para más adelante ser uno de los mejores guitarristas del mundo y su increíble odio al tabaco. Su padre era un fumador empedernido y durante las clases de guitarra no paraba de inundar de humo al joven Brian, quien con el tiempo llegó a prohibir que se fumara en sus conciertos, mucho antes de que la ley del tabaco lo prohibiera de facto.

Al mismo tiempo que comenzó a desarrollar sus primeros pasos en la música, Brian se dedicaba a estudiar todo lo que caía en sus manos y que tenía como referencia el universo y su infinita grandeza. Dos caminos que fueron unidos, casi de la mano hasta que en 1974 decidió abandonar el mundo de la astrofísica, sin saber que años más tarde lo volvería a retomar con éxito.

Una guitarra para Brian

Su padre le compró su primera guitarra acústica a los 7 años y Brian comenzó a emular a sus ídolos, Lonnie Donegan, The Shadows, The Ventures y Buddy Holly. Pasaba su tiempo estudiando, tocando la guitarra y fomentando su otra afición, la astronomía, aunque a niveles muy básicos y se aficionó a los cómics de ciencia-ficción, al ser lo único que conseguía que su imaginación volara entre las estrellas.

A los 15 años ya había pasado por una modesta lista de grupos locales como guitarrista, siendo los más importantes The Others y 1984 (nombre extraído de la novela de George Orwell y de la que se extrae la teoría de *El Gran Hermano*), en el que el cantante era Tim Stafell, más tarde cantante de Smile. Llegaron a actuar como teloneros del mítico Jimi Hendrix en el Imperial College en mayo de 1967.

En 1963, Brian May se encontró con las limitaciones de su guitarra acústica, que le impedían imitar las canciones que escuchaba en la radio y tocarlas como él quería. Tomó la decisión de abandonar la acústica y pasarse a la guitarra eléctrica, pero sus pretensiones por adquirir una Fender o una Gibson

Brian May con su guitarra *The Red Special*, diseñada y construida por su padre y él mismo.

se frenaron al no tener posibilidades económicas, ni siquiera de conseguir un modelo económico o incluso marcas de imitación que le sedujeran.

Con la ayuda de su padre, que trabajaba como ingeniero electrónico decidió diseñar y construir su propia guitarra, un instrumento que se conocería como *The Red Special* (La roja especial), *The Fireplace* (La chimenea) o *The Old Lady* (La vieja dama).

Esa guitarra marcaría la vida musical de Brian May y como consecuencia el sonido de Queen. Una guitarra que comenzó a construir en agosto de 1963, cuando tenía solo 16 años, en un dormitorio de su casa reconvertido en taller.

Todos los materiales de la guitarra fueron buscados concienzudamente por los May, configurando una extraordinaria historia de cooperación familiar. Para el mástil se utilizó la madera del marco de una chimenea que un amigo de la familia iba a tirar, tal y como lo explicaba el propio Brian años más tarde: «El mástil formaba parte de una chimenea que iba a ser destruida. La caoba era de buena calidad, pero era tan vieja que estaba algo apolillada. Rellené los agujeros con madera de cerilla y los cubrí con una capa de *Rustin's Plastic Coating*, hay un montón en el cuello, aunque ahora se están desprendiendo un poco. La caja de la guitarra la hicimos de un robusto trozo de roble. En un momento determinado, el escoplo estropeó parte de la madera de la caja, y me sentí tan frustrado que tiré todo por la ventana y empecé de nuevo. Las herramientas utilizadas a lo largo del proyecto también estaban hechas a mano, y las que no lo estaban eran herramientas sencillas. En el lugar en el que están unidos el cuerpo y el mástil solo utilicé un cortaplumas y una lija, porque no teníamos ninguna herramienta más compleja».

Para los marcadores del diapasón situado en los trastes del mástil, utilizaron botones de perla del costurero de su madre, unos botones que según cuenta, todavía siguen en el mástil de la guitarra. El trémolo lo hizo con un acero especial y lo equilibró al cuerpo de la guitarra con dos resortes de válvulas de una motocicleta. «El brazo de trémolos es una de esas cosas para aguantar los cestos de las bicicletas, y la punta de plástico del final está hecho con una aguja de hacer ganchillo. Los resortes del trémolo son de una motocicleta, ahora no recuerdo de que tipo, pero un amigo mío tenía montones de resortes de válvulas de motocicletas, y usamos eso».

Cuando la guitarra no estaba terminada del todo, Brian la llevó a la escuela como parte de un trabajo de clase, pero solo consiguió las burlas de sus compañeros, los mismos que más adelante, una vez pulida y barnizada, le querían comprar o cambiar por sus guitarras originales.

Había construido una guitarra profesional por el coste de 8 libras, con un sonido y apariencia muy diferente a las guitarras convencionales de la época.

Brian siguió buscando un sonido propio, diferenciado del resto de guitarristas y al final lo consiguió al comprobar que tocando con una moneda de seis peniques a modo de púa, conseguía un sonido limpio y puro, casi sin manipular.

La *Red Special* le acompañó durante todas las giras y es la guitarra que se escucha en todas las canciones de Queen, a excepción de los vídeos de «Crazy Little Thing Called Love» con una Fender Telecaster negra, «Back Chat» donde se le ve usando una vieja Fender Telecaster perteneciente a la colección personal de Roger Taylor, el videoclip de «Play The Game» en donde usa una Fender Stratocaster, y «Princes of the Universe», con una Washburn RR-V.

Al final de la década de los 90, el luthier australiano Greg Fryer restauró la *Red Special* arreglando los graves problemas que tenía la guitarra a causa del desgaste, dejándola casi como nueva. También fabricó 3 copias de la misma; copias que Brian bautizó como George, John y Paul, sus músicos favoritos de The Beatles. Greg le entregó dos a Brian y se quedó con una como pago, la guitarra Paul.

En 2004 otro luthier inglés, Andrew Guyton comenzó la fabricación de 50 copias de la *Red Special*. Cuarenta en rojo (por el 40° aniversario de la guitarra) y diez en verde.

Finalmente en el 2006 la guitarra tenía un desgaste muy importante y se le volvieron a realizar mejoras y tareas de mantenimiento, como por ejemplo cambiarle la entrada de jack y reemplazar el traste 0. A Brian le aconsejaron cambiar el traste completo de la guitarra y ajustarlo mejor a su muñeca, que había sufrido una tendinitis en 2005 que le provocaba bastante dolor, pero Brian se negó a introducir cambios radicales a su joya.

Marcas de instrumentos como Guild o Burns han fabricado modelos comerciales de serie en ediciones limitadas.

De siempre se ha asociado a Brian May la figura de su *Red Special*, una guitarra que forma parte de su personalidad como músico.

Del Teide a Smile

Mientras que su afición a la música no le aportaba beneficios económicos y apenas satisfacciones, Brian se centró en sus estudios para conseguir tener una vía de salida. Se licenció en Ciencias en la especialidad de Física y continuó como posgraduado trabajando en Astronomía en el Imperial College en Londres. Brian May estuvo impartiendo clases como docente durante un periodo de tiempo a nivel de bachillerato. Abandonando las clases para trabajar una temporada en el Observatorio Astrológico del Teide en Tenerife. Allí fue donde realizó dos estudios sobre polvo planetario que fueron publicados en el *Monthly Notices of the Royal Astronomical Society*.

En 1968 Brian y su anterior compañero en 1984, Tim Staffell, crean el grupo Smile, con la intención de hacer algo más duro y contundente. Colocan un anuncio en el que buscaban un batería estilo Ginger Baker de Cream, por el que termina realizando una audición Roger Taylor, un joven estudiante de odontología que no tenía ni la batería en Londres, pero que les cautiva con su energía y fuerza, aunque solo tocó unos bongos.

Smile se transformó rápidamente en una banda promesa, y en menos de un año firmaban con Mercury Records, pudiendo entrar en los Trident Studios para realizar su primera experiencia en un estudio de grabación.

En realidad Smile grabó en dos tandas muy definidas. Primero en junio de 1969 y una segunda tanda de canciones en septiembre de ese mismo año.

Los temas que Smile dejó grabados fueron:
- «Earth» (Staffell)
- «Step On Me» (Staffell/May). Tema que pertenece a la época de 1984.
- «Doin' Allright» (Staffell/May). Tema que se incluyó en el álbum debut de Queen.
- «Blag» (Taylor). Canción que se presenta como la antesala de «Brighton Rock» de Queen.
- «Polar Bear» (May)
- «Silver Salmon» (Staffell)
- «See What A Fool I've Been» (May) basada en el tema «The Way I Feel» compuesto por Sonny Terry y Brownie McGhee
- «If I Were a Carpenter» (Tim Hardin)
- «April Lady» (Stanley Lucas)
- «White Queen (As It Began)» (May)

A nivel de conciertos, Smile llegó a tocar con Pink Floyd, Yes, The Throggs, Free y Joe Cocker. Durante un breve espacio de tiempo Smile fue un cuarteto con la incorporación de Chris Smith a los teclados, pero abandonó rápidamente por diferencia de gustos musicales.

En 1970 Tim Staffell abandona la banda para unirse al grupo Humpy Bong y Smile se desintegra oficialmente. Tanto Brian May como Roger Taylor están a punto de dejar la música y retornar a sus estudios, pero la presencia de un joven estudiante de diseño y fan de la banda, llamado Farrokh Bulsara, les convence para seguir adelante, cambiar el nombre por el de Queen y ponerle a él como cantante de la banda.

El guitarrista de Queen

Desde el principio el sonido Queen va ligado a la guitarra de Brian May, por su sonido tan especial y por el amplificador Deacy Amp, inventado por John Deacon y que incorporó algunas mejoras propuestas por Mercury. Ese amplificador consiguió que se hicieran cosas maravillosas en las grabaciones de Queen y en particular

Brian May en 1973.

no se podrían entender algunos temas sin la aportación del Deacy Amp, aunque de ello hablaremos en el capítulo dedicado al bajista de la banda.

El sonido particular de May a la guitarra es debido principalmente a la *Red Special*, al amplificador Deacy Amp y a su manera de rascar las cuerdas de la guitarra, utilizando como púa una moneda de seis peniques, con la que conseguía un sonido mucho más metálico, frío y con más cuerpo.

Otra de las características de Brian May, es que sus solos de guitarra estaban dotados de grandes armonías, en ocasiones la misma melodía de voz que estaba ejecutando Mercury la estaba tocando May a la guitarra, produciendo esa sensación de grandilocuencia de los temas, que en ocasiones rozaban el género de los himnos emblemáticos. En numerosas ocasiones los solos de guitarra eran sugeridos por Mercury, quien cantaba, gritaba, tarareaba los solos y después le pedía a May que los hiciera realidad.

Pero además de apoyarse en la tecnología, Brian May es un extraordinario guitarrista con un amplio abanico de recursos que ha desarrollado en su carrera con Queen, demostrando ser un músico versátil y con un *background* poderoso. Maestro del *sweep picking* que utilizó en «Was It All Worth It» y «Chinese Torture», grandes conocimientos del trémolo como demuestra en «Brighton Rock», «Stone Cold Crazy», «Death on Two Legs», «Sweet Lady», «Bohemian Rhapsody», «Get Down Make Love» o «Dragon Attack», domina perfectamente la técnica del *zapping*, utilizada en «Bijou», «It's Late», «Resurrection», «Cyborg», «Rain Must Fall», «Business», «China Belle» y «I Was Born To Love You», incluso juguetea con el *slide guitar* en «Drowse» y «Tie Your Mother Down».

En los álbumes de Queen, May aplicó sus conocimientos de física en el estudio de grabación; usando lo que sabía sobre las ondas de sonido, creó ecos que amplificaron la sección de la canción, creando la ilusión de que los sonidos venían de una gran amplitud de espacio. Fue el verdadero ingeniero de la sección central de «Bohemian Rhapsody», que si bien fue idea de Mercury, May diseñó cómo se debía grabar. Una sección que es imposible reproducir en vivo, y la banda siempre recurrió a una grabación en sus directos, durante la cual aprovechaban para cambiar su vestuario.

Brian May se convirtió desde un principio en el 50% del tándem de compositores principales de Queen, y junto con Freddie Mercury compuso la gran mayoría de los temas del grupo. Suyos son algunos de los clásicos más exitosos de la banda como «We Will Rock You», «Tie Your Mother Down», «Fat Bottomed Girls», «Who Wants to Live Forever», «Hammer to Fall», «I Want it All» y «The Show Must Go On», entre otros.

En los álbumes de Queen, May aplicó sus conocimientos de física en el estudio de grabación; usando lo que sabía sobre las ondas de sonido, creó ecos que amplificaron la sección de la canción, creando la ilusión de que los sonidos venían de una gran amplitud de espacio.

Al mismo tiempo y sin ser tan buen vocalista como Roger Taylor y sobre todo Freddie Mercury, desde siempre ha participado en la parte vocal del repertorio. Por lo general era el corista de menor rango, la voz principal en las primeras estrofas como en «Who Wants to Live Forever», o incluso los versos finales como «Mother Love». También ha sido la voz principal en otros temas como «Some Day One Day», «She Makes Me (Stormtrooper in Stilettoes)», «'39», «Good Company», «Long Away», «All Dead, All Dead», «Sleeping on the Sidewalk», «Leaving Home Ain't Easy» y «Sail Away Sweet Sister».

Esta es la lista de temas que ha compuesto Brian May para Queen:

«Keep Yourself Alive», «Doing All Right» (con Tim Staffell), «The Night Comes Down», «Son And Daughter», «Procession», «Father To Son», «White Queen» (con It Began), «Some Day One Day», «Brighton Rock», «Now I'm Here», «Dear Friends», «She Makes Me (Stormtrooper In Stilettoes)», «'39», «Sweet Lady», «The Prophet's Song», «Good Company», «God Save The Queen» (trabajó arreglos), «Tie Your Mother Down», «Long Away», «White

Man», «Teo Torriatte (Let Us Cling Together)», «We Will Rock You», «All
Dead, All Dead», «Sleeping On The Sidewalk», «It's late», «Fat Bottomed
Girls», «Dead On Time», «Dreamer's Ball», «Leaving Home Ain't Easy», «Dra-
gon Attack», «Sail Away Sweet Sister (to the sister I never had)», «Save Me»,
«Flash's Theme», «Flash To The Rescue», «Battle Theme», «The Wedding
March», «Marriage Of Dale And Ming» (con Roger Taylor), «Crash Dive On
Mingo City», «Flash's Theme Reprise (Victory Celebrations)», «The Hero»,
«Dancer», «Put Out The Fire», «Las Palabras De Amor (The Words Of Love)»,
«Tear It Up», «Machines or Back To Humans» (con Taylor), «Hammer To
Fall», «Is This The World We Created» (con Freddie Mercury), «I Go Crazy»,
«Who Wants To Live Forever», «Gimme The Prize (Kurgan's Theme)», «Fore-
ver», «Mother Love» (con Freddie Mercury) y «Too Much Love Will Kill You»
(con Frank Musker y Elizabeth Lamers).

Cuando grabaron «A Kind of Magic» Brian May sugirió que las canciones
fueran compuestas por los cuatro miembros, siendo la primera de ellas «One
Vision». A partir de este la edición de este disco, todos los temas fueron
firmados como Queen.

Mientras que los temas donde Brian May colocó la voz solista fueron:

«Some Day One Day», «She Makes Me (Stormtrooper in Stilettoes)»,
«'39», «Good Company», «Long Away», «All Dead, All Dead», «Sleeping
on the Sidewalk», «Leaving Home Ain' t Easy», «Flash»(un solo verso),
«Sail Away Sweet Sister» (últimas estrofas están cantadas por Freddie),
«Who Wants to Live Forever» (primer verso), «I Want It All» (último verso, antes del solo), «Lost Opportunity», «Let Me Live» (última estrofa) y
«Mother Love» (última estrofa).

The Brian May Band

Los días 21 y 22 de abril de 1983, Brian May se encuentra realizando una
serie de grabaciones en los Record Plant Studios de Los Ángeles, California.
De aquellas sesiones se editó el Mini álbum *Star Fleet Project*, con la colabo-
ración de Eddie Van Halen a las guitarras, el batería Alan Gratzer (de REO
Speedwagon), como bajista Phil Chen (había tocado con Jeff Beck y Rod
Stewart) y el teclista Fred Mandel que había girado con Queen en el *Hot
Space World Tour* y *The Works*. Roger Taylor colocó la voz principal en el
tema que daba nombre al trabajo.

De las sesiones salieron tres temas extremadamente largos, uno de ellos era una auténtica improvisación en toda regla, una especie de jam session que no se debían haber editado, pero salieron a la venta sin una mezcla definitiva. Hoy en día está considerado como una obra de culto.

En octubre de 1991 la Expo de Sevilla, organiza un festival llamado *Leyendas de la Guitarra*, que entre el 15 y el 19 de octubre presentarán en la capital andaluza un total de 25 grandes guitarristas y bajistas de todos los géneros. Nombres como Albert Collins, B.B. King, Bo Diddley, Brian May, Dave Edmunds, George Benson, Jack Bruce, Joe Walsh, Joe Satriani, John McLaughlin, Keith Richards, Larry Coryell, Les Paul, Nuno Bettencourt, Paco De Lucia, Phil Manzanera, Richard Thompson, Robbie Robertson, Robert Cray, Roger Waters, Roger McGuinn, Stanley Clarke, Steve Cropper, Steve Vai y Vicente Amigo, acompañados de grandes cantantes como Bob Dylan, Gary Cherone, Joe Cocker, Paul Rodgers o Rickie Lee Jones entre otros.

Para esa ocasión Brian May montó la Brian May Band con su amigos Cozy Powell a la batería y Neil Murray al bajo.

Precisamente con Cozy Powell ya había comenzado a trabajar en su primer disco en solitario como Brian May en 1988, un disco que tardó muchísimo en grabar, casi cuatro años, debido a su divorcio y la enfermedad y fallecimiento de su amigo Freddie Mercury.

Back To The Light fue el primer disco de Brian May y se editó en el 92, tras lo que volvió a montar la banda para girar y presentar el disco. En 1994 se editó el único disco bajo el apelativo de The Brian May Band, *Live at the Brixton Academy*, se trata del primer concierto que ofrecieron en Londres, el 15 de junio de 1993. Terminada la gira la banda dejó de funcionar porque los tres miembros vivos de Queen, John Deacon, Roger Taylor y Brian May, entraron a grabar *Made In Heaven*, el disco póstumo de Freddie Mercury.

Brian volvió a editar un disco en solitario, fue el 1988 y se llamó *Another World*. El disco nació ya con una estela de tristeza y frustración en Brian, ya que antes de la terminación de la sesiones de grabación su amigo Cozy Powell murió en un accidente de coche. Este disco fue el fin de la carrera en solitario de Brian May y de su Brian May Band.

El astrónomo

Como ya hemos dicho con anterioridad, Brian May estudió física y matemáticas en el Imperial College de Londres, terminando sus estudios con BSc

(Hons), es decir graduado universitario con honores. Entiéndase que en el sistema educativo británico eso no significa haberse graduado con sobresaliente o matrícula de honor, no se trata de un *Cum Laude*, ya que el graduado con honores se concede por las asignaturas elegidas y la dificultad que estas entrañan.

Brian May continuó estudiando en la misma institución académica entre 1970 y 1974 para conseguir el doctorado. Su campo se centró en el estudio de «La luz reflejada del polvo interplanetario y la velocidad del polvo en el plano del Sistema Solar». Cuando Queen comenzó a tener éxito internacional y se planificaron las primeras giras fuera de el Reino Unido, los componentes de Queen debieron elegir entre la banda y los estudios, así que May abandonó su doctorado. Sin embargo, durante los años siguientes al abandono, May prosiguió de forma autodidacta y publicó dos trabajos de investigación científica, realizados en el Observatorio del Teide en Tenerife.

En el año 2006 se volvió a matricular en el Imperial College de Londres para terminar su tesis. A los 60 años presentó la tesis llamada *Un estudio sobre las velocidades radiales en la nube del Polvo Zodiacal* en agosto de 2007, siendo aprobada en septiembre de ese mismo año, 37 años después de su inicio. Fue nombrado Investigador Visitante en Imperial College y continúa trabajando en astronomía en el Imperial Astrophysics Group.

El astrofísico Dr. Garik Israelian dijo de Brian May: «No tengo dudas de que Brian May habría tenido una carrera brillante en ciencia si hubiera completado su doctorado en 1971».

Es autor junto con Sir Patrick Moore y Chris Lintott, de *Bang! - La historia completa del universo*, publicada en 2006 y *El turista cósmico*, publicado en 2012. El 18 de junio de 2008 el asteroide 52665 fue bautizado como Brian May en su honor.

El astrofísico Dr. Garik Israelian dijo de Brian May: «No tengo dudas de que Brian May habría tenido una carrera brillante en ciencia si hubiera completado su doctorado en 1971».

En el 2014, May fundó *Asteroid Day*, junto al astronauta de la NASA Rusty Schweickart, la *Fundación B612 Danica Remy* y el cineasta alemán Grigorij Richtersla. *El Día del Asteroide* es una campaña mundial de concienciación del peligro que suponen los asteroides y la prevención de posibles colisiones. Brian May declaró en una visita a Argentina: «Los asteroides grandes están controlados, pero los de tamaño medio pueden destruir una ciudad, y no tenemos suficiente información. Sería una tragedia que nos enteráramos con solo semanas de antelación de que Buenos Aires va a ser borrado del mapa, y que no pudiéramos hacer nada. Por eso existe el *Día del Asteroide*. Queremos calcular el peligro para poder intervenir».

Durante toda su carrera Brian May ha intentado mezclar las dos facetas de su vida, la música y la astronomía, por eso no es de extrañar que uno de sus objetivos fuera: «Estoy tratando de impulsar un movimiento para llamar a un asteroide Freddie Mercury».

Los esfuerzos de May dieron su fruto el 5 de septiembre de 2016, la fecha en la que su amigo Freddie Mercury habría cumplido 70 años. La Unión Astronómica Internacional decidió llamar Freddiemercury 17473 a un asteroide identificado hasta hace poco solo como 17473. La *UAI* eligió a este cuerpo rocoso porque fue descubierto en 1991, el mismo año que murió Mercury a causa de una bronconeumonía que se le complicó por el sida que padecía. Brian May, creyó que este bautizo reconoció «la influencia excepcional de Freddie en el mundo». Con la primera presentación en público de Freddiemercury, en Suiza, Brian May dijo emocionado a su amigo: «¡Feliz cumpleaños Freddie!».

El activista

Brian May es un comprometido activista a favor de los derechos de los animales y muy beligerante contra el maltrato y tortura animal. Creó el grupo por el bienestar animal *Save Me*, nombre escogido de una canción de Queen compuesta por él mismo.

Aunque siempre se ha declarado un votante conservador, en el año 2010 les retiró su voto públicamente para protestar por la reapertura de la caza del zorro y el sacrificio de tejones, mientras que con el grupo Save Me luchó para preservar las leyes de caza de 2004.

Milita en grupos ecologistas y en defensa de los animales como RSPCA, el Fondo Internacional para el Bienestar Animal, la Liga Contra los Deportes Crueles, PETA UK y el Rescate de Vida Silvestre de Harper Asprey.

En más de una ocasión Brian May ha declarado que le gustaría ser recordado por ser un defensor de los animales, mucho más que como músico o astrónomo.

Brian May estuvo estudiando la posibilidad de presentarse a las elecciones de 2015 al parlamento británico con un grupo denominado Common Decency, según May su filosofía sería: «Trabajamos para restablecer la decencia común en nuestras vidas, trabajo y en el Parlamento. Queremos deshacernos del actual gobierno y ver una Cámara de los Comunes que contenga individuos que voten según su conciencia».

Finalmente se retiró de la propuesta política y declaró su voto hacia la representante del Partido Verde Británico, Natalie Bennett.

En julio de 2015 se enfrentó públicamente con el primer ministro David Cameron por la abolición de la prohibición de la caza del zorro. May recibió amenazas de muerte, supuestamente de parte de la organización Countryside Alliance (Aianza del Campo), a los que llamó «un puñado de bastardos mentirosos» porque apoyaban la ley que permitía la caza del zorro.

Brian May es un personaje muy polifacético, sorprendente y al mismo tiempo místico; probablemente es una de las personas más capacitadas intelectualmente del mundo del *show business*; en una de sus últimas entrevistas declaró: «No seré recordado en 1.000 años de todos modos, pero me gustaría dejar este planeta sabiendo que hice lo que pude para hacer de él un lugar mejor, un lugar más decente, un lugar más compasivo».

ROGER TAYLOR

El alma rockera

Roger Taylor siempre ha sido la cara más afable de Queen, el más simpático con la prensa y el relaciones públicas más interesante de la formación.

Ya desde los inicios se presentó como el más atractivo y su imagen de ambigüedad sexual, posiblemente no provocada, es una de las razones por las que la banda se llamo al final Queen. Su pelo rubio, su cara de niña guapetona y su estrafalaria forma de vestir en los tiempos de Smile, apoyados por la gran amistad que construyó en torno a Freddie Bulsara en esos años y el hecho de tener un puesto de ropa y complementos en el mercado de Kensington, le proporcionó el apodo de *Reina* entre el ambiente *underground* de la zona.

Una ambigüedad sexual muy bien explotada años más tarde en el videoclip de «I Want to break free» donde parece una jovencita sexy y traviesa.

Como veremos a continuación, Taylor también es el personaje más inquieto del grupo, con la discografía más abundante y desdoblándose en el mundo del cine como productor.

Actualmente rige los destinos de Queen junto con Brian May y tiene la inmensa suerte de tocar junto a su hijo en las giras. No es precisamente su

Roger Taylor es el personaje más inquieto del grupo, con la discografía más abundante y desdoblándose en el mundo del cine como productor.

mejor momento físico, algo que se pudo apreciar en la última gira de Queen + Adam Lambert, pero sigue siendo un personaje muy carismático y con gran personalidad.

Roger Meddows Taylor, más conocido como Roger Taylor, nació el 26 de julio de 1949 en King's Lynn, Norfolk, Inglaterra. Más concretamente en el West Norfolk & Lynn Hospital, donde unos días antes de su alumbramiento la reina Elizabeth II había inaugurado una nueva planta paritoria y el protocolo de la casa real la obligó a saludar e interesarse por 16 parturientas que estaban a punto de salir de cuentas, siendo una de las que tuvo el grandioso honor, la Sra. Winifred Taylor, a la postre madre de Roger.

Roger y su familia, formada por el padre Michael Taylor, la madre Winifred, la hermana Clare, un año menor que él, se trasladaron al suroeste de Inglaterra por cuestiones laborales del patriarca. Truro fue la ciudad donde recayeron y en la cual Roger comenzó a desarrollar sus inquietudes musicales. Con tan solo 8 años ya entró a formar parte de un grupo o agrupación musical, donde se le dio la responsabilidad de asumir el ukelele, instrumento que se le daba de maravilla y con el cual se afianzó en aquel primer experimento llamado The Bubblingover Boys.

Con aquella corta edad y un gusto musical no muy definido, The Bubblingover Boys, le ofreció la posibilidad de realizar una serie de conciertos donde sorprendió como solista con un instrumento no muy habitual, el ukelele, que si bien hoy en día parece estar de moda, nunca fue un incentivo para jóvenes neófitos en música, ni un atractivo artefacto por el que un preadolescente sintiera inclinaciones tempranas. Sin embargo, al jovencito Roger le sirvió para saber que la música sería su vocación de por vida (lejos de desanimarle, su madre le apoyaba) y para sumergirse más de lleno en esa nueva experiencia.

El chico del coro

Cuando se aposentaron en Truro, Roger ingresó en Truro Cathedral School con una beca para entrar en el coro, una institución de muy buena reputación pero de una férrea disciplina, que no contemplaban la nueva música que estaba surgiendo en Inglaterra, llamada rock, como uno de sus objetivos. Debido a eso con 13 años su madre lo cambio a una escuela privada donde podría desarrollar sus inquietudes musicales, Truro School .

Roger ya sabía tocar una guitarra modesta que se había comprado con 8 libras, abandonando el ukelele e imitando a los guitarristas de rock de la época, sobre todo a Chuck Berry y Steve Winwood de The Spencer Davis Group, músico por el que sentía devoción, ya que le fascinaba que fuera guitarrista, teclista y además cantara con una maravillosa voz.

Pero Roger fue poco a poco definiendo su gusto musical y sus inclinaciones se decantaban cada día más hacia la parte de atrás del escenario, la batería.

Fue reuniendo partes y montando una batería como podía, hasta que su padre le regaló un bombo y una caja, completando su primera batería con un plato Zildjian que compraría de segunda mano. Al poco de dominar el instrumento entró a formar parte de una banda sin mucho futuro llamada The Cousin Jacks, pero que para él fue vital porque fue el primer grupo donde tocó la batería.

Roger tenía unos conocimientos de canto coral que serían muy beneficiosos en sus años posteriores en Queen. Consiguió entrar en Johnny Quale and The Reaction, una banda de rock formada por alumnos de Truro School y que contaba con una extraordinaria agenda de conciertos que circulaba por numerosos locales y escenarios escolares. Johnny Quale and The Reaction fue una auténtica escuela de rock para Roger Taylor, llegaron a presentarse en un concurso de rock y, aunque quedaron cuartos, tocaron en la gran final.

El niño que queria ser Keith Moon

En 1965 cae en sus manos el single «My Generation» de The Who, conteniendo en la cara B un tema que comienza solo con unos golpes de batería, «Shout and Shimmy». Roger no podía entender como se podía tocar la batería tan fuerte y con tantos cambios de ritmo y velocidad. El monstruo detrás de la batería era Keith Moon y Roger se juro a sí mismo que tenía que tocar como él, costara lo que costara.

A los pocos meses Johnny Quale, vocalista de la banda The Reaction abandona el grupo y deja a sus compañeros completamente colgados y habiéndose inscrito en la segunda edición del mismo concurso de rock en el que habían quedado cuartos; el resto de compañeros apuesta por la posibilidad de que Taylor cante y toque la batería, dos cosas que no siempre van unidas pero que en su caso eran indivisibles. Tras varios ensayos Roger salió a cantar en el concurso y The Reaction, que es como se rebautizó el grupo, ganó el segundo certamen de bandas locales de rock. La formación de The Reaction estaba formada por Roger Taylor a la batería y voz, Mike Dudley a los teclados, Jim Craven al bajo, John Snell al saxofón y Geoff Daniel a la guitarra.

Si bien la Sra. Winifred, madre de Roger, siempre le apoyó en su vocación musical, su padre siempre le inculcó que para poder seguir con la música debería presentar buenas notas y conseguir un expediente académico muy notable. Roger, al igual que los demás componentes de Queen, siempre fue un excelente estudiante. Taylor contaba por notables y sobresalientes las notas de sus cursos en Truro School, no obstante su verdadera afición era la música, y más ahora que había encontrado un instrumento como la batería, además de su faceta como vocalista.

Camino de Londres

Siendo la música su auténtica prioridad, se traslada a Londres en 1967 y comienza a cursar odontología en el London Hospital Medical School, al mismo tiempo que se sumerge en la escena musical londinense. The Who acababan de editar *Sell Out*, The Rolling Stones habían hecho lo propio con *Their Satanic Majesties Resquest*, The Beatles su emblemático *Sgt. Peppers Lonely Hearts Club Band*, The Yardbirds impregnarón ese año de magia con *Little Games* y The Kinks fascinaban con su quinto y maravilloso *Something Else*; Londres era el centro del universo musical y allí estaba un joven Taylor, aprendiz de dentista, pero sobre todo batería y cantante.

Decidido a triunfar en la música abandona los estudios de odontología, los cuales los retomará más tarde completando la carrera de biología en East London Polytechnic. Gracias a un compañero de piso, Taylor conoce a través de una nota en el tablón de anuncios del Imperial Collage a Brian May y Tim Staffell que están buscando un batería para su nuevo grupo. May y Staffell se acercaron al piso de Taylor para realizar una prueba al batería y se llevaron la desagradable sorpresa de que Taylor no tenía instrumento, ya que su batería estaba en su casa de Truro, pero les convenció de que le hicieran la prueba tocando unos bongos que tenía en el apartamento. Ambos quedaron fascinados con la fuerza y energía de Taylor y así se cerró el círculo de Smile.

Con la banda tocaron mucho por Londres y Truro, incluso telonearon a Pink Floyd, Yes y The Troggs, alcanzando en su mejor momento compartir el escenario del Royal Albert Hall con Free, Joe Cocker y Bonzo Dog Doo-Dah.

Freddie Mercury les propuso crear una banda para la cual tenía el nombre adecuado: Queen.

Smile y Freddie Mercury

En 1969, cuando Roger está volcado con Smile, conoce a Farrokh Bulsara (más tarde Freddie Mercury), un estudiante de arte y diseño que viste como él y tiene las mismas inquietudes, por lo que terminan compartiendo piso en el barrio de Kensington. Para sobrevivir en unos años muy duros económicamente hablando, Bulsara y Taylor venden ropa de segunda mano, baratijas y pinturas en un puesto del mercado de Kensington.

Con Smile graba en dos tandas las nueve canciones que dejó grabadas la banda, la primera en junio y más tarde en julio del 69.

Pero cuando estaban preparados para editar el primer álbum, en marzo de 1970, Tim Staffell abandona la formación para fichar por un grupo emergente llamado Humpy Bong.

Smile se deshace y parece ser que en un principio el desengaño fue tan terrible que Brian May decidió dejar la música y dedicarse a terminar a su carrera como astrofísico, mientras Taylor volvería a la odontología. Sin embargo, un fan incondicional de Smile y buen amigo de ambos les convenció para que pasaran página y crearan una nueva formación. Se trataba de Farrokh Bulsara, quien decide cambiarse el nombre por uno más comercial, Freddie Mercury, y les propone crear una banda para la cual tiene el nombre adecuado: Queen.

El batería de Queen

Roger Taylor junto a Brian May son los miembros más antiguos de Queen, sobre todo si tenemos en cuenta que eran los únicos que procedían de Smile, banda germinal de lo que más adelante sería la gran banda que nos ocupa.

Taylor le impregnó a Queen desde un principio un sonido demoledor que en el primer disco homónimo se notaba y elevaba el sonido del grupo hasta cotas cercanas al hard rock.

Temas como «Great King Beat» con esos platillos maravillosos, «Son And Daugther» o «Modern Times Rock'n'Roll», suenan impresionantes con la batería de Taylor, con una fuerza inusitada que sorprendió a propios y extraños. Además desde ese primer disco Taylor se empeñó en colocar temas suyos, siendo el responsable de muchas de las canciones más viscerales de Queen. Sin ir más lejos el tema más rápido, duro y casi heavy metal del disco de debut es obra de Roger Taylor, «Modern Times Rock'n'roll».

Es muy cierto que el peso de las composiciones de Queen recaían sobre Brian May y Freddie Mercury, pero Roger Taylor fue la tercera fuente de inspiración de la banda con un total de 29 composiciones, sin contar los temas que aportó a *The Miracle* e *Innuendo*, discos que la banda decidió firmar al completo independientemente de la autoria de las canciones.

Estas son las canciones que aportó Roger Taylor a Queen:

«Modern Times Rock 'n' Roll», «The Loser in the End», «Tenement Funster», «Stone Cold Crazy» (firmada junto a John Deacon, Brian May y Freddie Mercury), «I'm in Love with My Car», «Drowse», «Sheer Heart Attack», «Fight From the Inside», «Fun It», «More of That Jazz», «A Human Body», «Rock It (Prime Jive)», «Coming Soon», «In the Space Capsule (The Love Theme)», «In the Death Cell (Love Theme Reprise)», «Escape From the Swamp», «Marriage of Dale and Ming (And Flash Approaching)» (firmado junto a Brian May), «Action This Day», «Calling All Girls», «Under Pressure» (firmado junto a John Deacon, Brian May, Freddie Mercury y David Bowie), «Soul Brother» (firmado junto a John Deacon, Brian May y Freddie Mercury), «Radio Ga Ga», «Machines (or Back to Humans)» (firmado junto a Brian May), «Thank God It's Christmas» (firmado junto a Brian May), «A Kind of Magic» y «Don't Lose Your Head».

Además de las composiciones de Roger Taylor se extrajeron tres nº 1 en el Reino Unido, «These Are the Days of Our Lives», «Innuendo» y «Under Pressure», esta última con la colaboración de David Bowie, y algunas de sus canciones están dentro del ranking de clásicos de la banda y obtuvieron un gran éxito, temas como «Radio Ga Ga», «One Vision», «A Kind of Magic», «Heaven for Everyone», «Breakthru», o «The Invisible Man», entre otros.

El rubio que parecía una chica

Desde sus tiempos en The Reaction, donde empezó a dejarse el pelo largo, el físico de Roger Taylor hizo que más de uno lo confundiera con una chica. No con las formas amaneradas y gays con las que gustaba jugar Freddie Mercury, a Taylor lo confundían directamente con una mujer. Famosa es su caracterización en el videoclip de «I Want To Break Free», donde solo tuvo que depilarse las piernas para parecer una adolescente rebosando feromonas, a punto de cumplir los 36 años.

Pues bien, lo mismo le pasaba con la voz, ya que poseía un registro que en ocasiones parecía que estaba cantando una fémina. Esto se puede apreciar en muchos temas de Queen, donde los coros de Taylor sobresalen por encima de los de Brian May e incluso a las voces que doblaba Mercury, pero el ejemplo más claro lo tenemos en el corte siete de *Sheer Heart Attack*, «In the Lap of the Gods», tema compuesto por Mercury pero que comienza con unos gritos agudos que fueron grabados por Taylor, puesto que fue compuesta pensando de antemano en el registro que este poseía. Un tema algo místico que alcanza momentos sublimes con la aportación de Taylor.

Roger Taylor, como ya hemos visto anteriormente, había estudiado canto coral y por lo tanto sumaba a su estupenda voz el hecho de tenerla educada y saber moldearla de forma adecuada. Es mucho más importante saber cantar que tener una buena voz.

Roger Taylor tenía un rango muy alto de voz que a menudo alcanzaba un E5 en los conciertos, un rango muy alto que poseen las mezzosoprano (su rango vocal abarca cuatro octavas, E2-E6), pero es que su falsete, como el grabado en «In The lap Of The Gods», estaba por encima del A5 y se convirtió en una de las características de los coros de Queen, muy valorados en

Desde sus tiempos en The Reaction, donde empezó a dejarse el pelo largo, más de uno confundió a Roger Taylor con una chica.

los temas donde los juegos de voces tan diferentes pero compatibles como los de Brian May y Roger Taylor, ofrecían un colchón sobre el que podía planear libremente Mercury y su prodigioso registro vocal.

Con toda esta capacidad vocal no es de extrañar que Taylor fuera una pieza clave en las voces de Queen, que intentara cantar casi todas las canciones compuestas por él o al menos las más rockeras y que dejara aportaciones maravillosas en temas cantados por Mercury.

Algunos temas donde se puede apreciar la voz de Taylor como principal son «Modern Times Rock'n'Roll», «Keep Yourself Alive», «Loser To The End», «I'm In Love With My Car», «Figth From The Inside», «Rock It (Prime Jive)» o «Coming Soon», entre otros.

Algunas de las aportaciones vocales más impactantes y emblemáticas de Taylor están registradas en canciones como «Bohemian Rhapsody», donde Taylor se encarga de hacer el alto falsete de la parte vocal central, apreciándose cuando cantan «let me go» y al final con «for me…», en el tema «39'» de Brian May, coloca unos falsetes en algunos puentes instrumentales de la canción que parecen sintetizadores y en «Action This Day» plasma unos versos en una octava muy baja para luego colocar coros en falsete por debajo de la voz de Mercury.

Algo más que un gran batería

No solamente ha sido un gran vocalista para Queen, que ha ayudado a reforzar el sonido tan especial de la banda, Taylor está considerado como uno de los mejores baterías de la historia del rock. El batería de Foo Fighters, Taylor Hawkins, siempre ha sentido una gran admiración por Taylor y lo considera como uno de los baterías más influyentes del rock de los 70 y 80, mientras que los oyentes de la web radiofónica británica *Planet Rock*, lo escogieron en el año 2005 como el octavo batería más completo de la historia.

A nivel de influencias Taylor siempre declaró que su primer ídolo fue Keith Moon de The Who, de quien afirma que era «absolutamente brillante... Él tenía un estilo único total, no le debía nada a nadie». Sin embargo el batería que más le ha influido en su carrera ha sido Mitch Mitchell de The Jimi Hendrix Experience de quien ha declarado: «Todavía pienso que escuchar a Mitch Mitchell, especialmente los primeros discos con Hendrix, es simplemente fantástico. Esta fusión de técnica de jazz y riffs maravillosos, pero con este ataque rodante feroz en todo el kit, no solo marcando el tempo».

Esa es otra de las características de Taylor, nunca se limitó a marcar solamente el tempo de los temas, su batería en muchas ocasiones era otro instrumento solista en Queen.

El tercer batería que más impactó a Taylor fue John Bonham de Led Zeppelin del cual opina: «El mejor batería del rock and roll de todos los tiempos fue John Bonham, quien hizo cosas que nadie había hecho posible antes con la batería. Hacía cosas con un tambor que la mayoría de la gente no podría hacer con tres, si pudieran administrarlos».

En el año 2004 declaró en una entrevista que el batería americano de jazz, swing y especialista en Big Band, Buddy Rich, «era el mejor batería que había visto en mi vida, inalcanzable, pura ciencia-ficción».

Inquietudes paralelas

Roger Taylor era uno de los miembros de Queen más inquietos, lo cual se demuestra con su discografía en solitario, que ya abordaremos más adelante, pero también con la creación de una banda paralela, The Cross, con la que suplir las limitaciones musicales que debía respetar en Queen.

En 1987, una vez acabada la gira de *The Magic Tour* y sabiendo que esta sería la última, debido a la enfermedad de Freddie Mercury, Taylor se plantea

Taylor está considerado como uno de los mejores baterías de la historia del rock.

crear una banda llamada The Cross, en la cual abandonaría la batería para retomar la guitarra y la voz principal.

La banda la reclutó a través de anuncios en prensa y compañeros de viaje, quedándose con un equipo formado por Peter Noone, Clayton Moss, Josh Macrae, y Spike Edney, quien ya había participado junto a Queen en las giras *The Works Tour* y *The Magic Tour* entre 1984 y 1986. La banda grabó solo tres discos: *Shove It* en 1988, *Mad, Bad and Dangerous to Know* en 1990 y *Blue Rock* en 1991. Obtuvieron escaso éxito salvo en Alemania y Japón, hasta el punto que el último disco solo se editó en esos dos países, entre otras cosas debido a la muerte de Freddie Mercury, que paralizó toda la promo y los planes de futuro.

Tras su separación el grupo volvió a actuar en el festival benéfico Gosport Festival, junto a Bob Geldof en 1992, y en el año 2013, el 7 de diciembre, en el G Live de Guildford, con todo el aforo agotado.

Cine y televisión

Además de su labor en Queen, carrera en solitario y la aventura con The Cross, Roger Taylor se adentró en el mundo del celuloide como productor. Ya de por sí era el productor ejecutivo de casi todas las ediciones videográficas de Queen, pero decidió dar el salto en el año 2002 y produjo el corto de 6 minutos *Mnemosyne*, dirigido y protagonizado por Beata Pozniak. Una pieza basada en el poema *The Thunder, Perfect Mind* de Nag Hammadi.

En el año 2015 volvió a repetir en la producción ejecutiva, en esta ocasión en el largometraje *Solitary*, un thriller psicológico dirigido por Sasha Krane, donde aporta el tema «When We Were Young» y tres instrumentales a la banda sonora.

Otra aventura empresarial emprendida por Taylor fue la incorporación al consejo directivo de la empresa *Edge Music Network*, que distribuye videoclips a través de Internet, como plataforma de promoción a grupos noveles y consagrados, así como una red de intercambio de material entre fans.

En el mundo de la televisión ha aparecido en infinidad de programas, sobre todo si tenemos en cuenta que desde la muerte de Freddie Mercury él y Brian May han sido las caras visibles de Queen. Programas de entrevistas, actuaciones como las protagonizadas en el programa americano *American Idol*, de donde salió Adam Lambert, actual vocalista de Queen en directo, documentales sobre Queen o la música británica en general, etc. Pero lo más significativo por curioso, fue que participó junto con May en el programa *The X Factor* como coaches de concursantes.

Actualmente está preparando una nueva gira con Queen + Adam Lambert por Estados Unidos y desde hace algún tiempo ha incorporado a su hijo, Rufus Taylor, como segundo batería de Queen en directo.

JOHN DEACON

El héroe tímido

John Deacon fue denominado por sus propios compañeros de grupo como The Quiet Man, el hombre tranquilo, sereno, sin ganas de ruidos y alteraciones más allá de la propia dinámica de la banda. Decían de él que apenas hablaba en los ensayos y que le sobraba con simples monosílabos para dar su opinión ante las diferentes dudas que podrían surgir en el local.

No obstante, Deacon se gano una extraordinaria reputación como bajista, y hoy en día está considerado como uno de los mejores músicos de las cuatro cuerdas del pasado siglo.

John Richard Deacon, bajista de Queen, nacido en Leicester el 19 de agosto de 1951.

Su gran virtud era crear líneas de bajo que para otros bajistas resultaban de ciencia-ficción. Deacon jamás pisó la voz de Freddie Mercury o la guitarra de Brian May, pero sin embargo si lo analizamos, sus melodías de instrumento son complejas y acaparan más espacio musical del que habitualmente desempeña un instrumento como el bajo. Ese fue su gran talento, crear magia sin entorpecer la genialidad de sus compañeros, enriquecer la música de Queen, elevarla, magnificarla.

John Richard Deacon nació en Leicester, el 19 de agosto de 1951, en el seno de una familia trabajadora. Su padre, Arthur Henry Deacon, un empleado de la compañía de seguros Norwich Union, y su madre Lillian Molly, ama de casa, tuvieron una hija, Julie, cinco años después.

John se crío en Oadby, ciudad dormitorio a cinco millas de Leicester, donde se trasladaron en 1960, y que albergaba la University of Leicester Botanical Garden, cómo único atractivo destacable.

A los siete años sus padres le compraron la primera guitarra, porque el niño estaba entusiasmado con la música de The Beatles, The Animals y The Zombies. Pero desde muy jovencito la verdadera pasión de John fue la electrónica y desde temprana edad comenzó a indagar de forma autodidacta, llegando a modificar una vieja bobina de cinta para grabar la música que pinchaban en la radio.

Su interés por la música le llevó a repartir periódicos para poder adquirir una guitarra mejor y de esta forma con catorce años montó su primera banda, The Opposittion, en la que Deacon tocaba la guitarra. Poco le duró esa posición en los escasos conciertos que realizaron por Leicester y alrededores, porque el bajista abandonó el grupo y fue él quien pilló el relevo con un bajo EKO de segunda mano. Ya por aquellos años demostró ser una persona muy sería y correcta, a quien le gustaba dejarlo todo atado sin ningún tipo de fisuras. Convenció al resto del grupo que con la marcha del bajista y la incorporación de un nuevo guitarrista la banda no podía llamarse igual y pasaron a denominarse The New Opposittion.

La coherencia de Deacon

En septiembre de 1966, John se matricula en la Beaucamp Grammar School de Leicester, para cursar de forma oficial estudios de electrónica. No abandona la música y The New Opposittion consiguen poco a poco una estupenda reputación local, hasta que deciden dar un impulso a su carrera y cambian

Deacon fue admitido en Queen por su nivel como músico, pero lo que más les gustó fue su tranquilidad, armonía como persona y el hecho de ser un genio de la electrónica.

el nombre por The Art, al parecer mucho más sencillo, impactante y comercial, pero en realidad era una reacción defensiva impulsada por la elegancia de Deacon, ya que su fundador y líder Richard Young, que comenzaba a tener ciertos delirios de grandeza, abandonó The New Opposittion para militar en otra formación con más empuje.

John era íntimo amigo de Young y nunca se mostró como un enemigo en busca del liderazgo, más bien todo lo contrario, ya daba muestras de su tremenda tranquilidad y escasa hambre de protagonismo, al mismo tiempo que le gustaba mover los hilos internos del grupo y se transformó en el tesorero de la banda y en el secretario del grupo, encargado de recopilar todo lo que se hacía, se publicaba en la prensa local y almacenar cualquier tipo de recuerdo de la formación; entradas, carteles, flyers, fotos, etc… Él no contemplaba la posibilidad de seguir con el mismo nombre una vez que el fundador había abandonado y su coherencia, elegancia y argumentación hizo que el resto de músicos le siguieran con el cambio de nombre. Coherencia que volvió a demostrar muchos años más tarde con la muerte de Freddie Mercury y su negativa a seguir con Queen sin su amigo y vocalista.

Y tal como vino se fue, sin aspavientos, sin ruidos, pero sin posibles negociaciones. En 1969 fue aceptado en Chelsea College en Londres, actualmente llamado King's College, donde podría seguir su carrera educativa en torno a la electrónica, y tras cuatro años con The Art y justo cuando acababan de editar un vinilo de tres temas, John Deacon dejó la música para centrarse en sus estudios.

Deacon siempre contó que Deep Purple fue el culpable de que regresara a la música, tras ver un concierto de la banda con la Royal Philharmonic Orchestra en el Royal Albert Hall de septiembre de 1970.

Con su compañero de piso, Peter Stoddart, comienza tocando la guitarra y con el paso de las semanas montan un cuarteto con algunos compañeros de estudios que, incompresiblemente, se llamó Deacon, pero con el que no llegaron a hacer nada serio jamás.

Queen: se cierra el círculo

A principios de 1971 acudió con Peter Stoddart y una amiga, Christine Farnell, a la discoteca Maria Assumpta Teacher Training College. Christine le presentó a tres amigos suyos que tenían una banda llamada Queen: Roger Taylor, Brian May y John Harris (amigo que ayudaba con las luces y los equipos). Sabiendo que Deacon no tenía nada serio entre manos, le ofrecieron hacer una prueba como bajista, ya que la banda tenía un problema con un puesto por el que ya habían desfilado varios músicos.

En la audición los componentes de Queen valoraron su nivel como músico, pero lo que más les gustó fue su tranquilidad, armonía como persona y el hecho de ser un genio de la electrónica, algo de lo que se podrían servir en el futuro. Deacon fichó por Queen y de esta manera se cerró el círculo, el cuarteto que hizo historia. El primer concierto de Deacon con Queen se celebró el 2 de julio de 1971, en Surrey.

Queen firmaron contrato discográfico en 1971, pero su primer álbum no se publicó hasta 1973, en el cual aparece Deacon como Deacon John, al parecer por ser más interesante y comercial. El músico pidió que se le inscribiera con su verdadero nombre, algo que sucedió a partir de 1974 con *Queen II*.

En aquellos primeros años Deacon no aportó ningún tema al repertorio de la banda, si bien sus líneas de bajo ya comenzaban a destacar.

La banda al completo en 1975.

El primer tema que aportó a la banda fue «Misfire» en el álbum *Sheer Heart Attack* de 1974, donde también firma «Stone Cold Crazy» con el resto de la banda.

Lo bueno, si breve, dos veces bueno

El segundo tema que Deacon aportó a Queen fue «You're My Best Friend», en el álbum *A Night at the Opera* de 1975, una canción que compuso para su esposa Veronica Tetzlaff y que se convirtió en un éxito internacional de Queen. A partir de ese momento Deacon colocó un par de temas en cada uno de los discos de la formación hasta *The Miracle* e *Innuendo*, donde la banda decidió firmar como cuarteto el set list de cada obra.

Los temas que John Deacon escribió para Queen son los más variados de su discografía y abarcan un abanico muy diverso. Él mismo reconoció en numerosas ocasiones que hasta el tercer disco no le gustaba el sonido de Queen y es sabido que junto con Freddie Mercury apostaba por un cambio de sonido hacia terrenos más comerciales.

Ese giro que Deacon apuntaba se puede apreciar en *Hot Space*, uno de los discos donde su presencia es más intensa y a la postre el álbum que generó más polémica e incluso rencillas en la formación, sobre todo entre él y Brian May, que no pudo colocar las guitarras que le habría agradado por no compartir la idea de Deacon.

Estos son los temas que Deacon firmó para Queen:

«Misfire», «You're My Best Friend», «You and I», «Spread Your Wings», «Who Needs You», «If You Can't Beat Them», «In Only Seven Days», «Execution Of Flash», «Arboria», «Another One Bites the Dust», «Need Your Loving Tonight», «Back Chat», «Cool Cat» (escrita con Mercury), «I Want to Break Free», «Pain Is So Close to Pleasure», «Friends Will Be Friends» (escrita con Mercury) y «One Year of Love».

El tema «One Vision» fue el primero firmado como Queen. El resto de temas de *The Miracle*, *Innuendo* y *Made In Heaven* están firmados de esta forma.

Magnífico instrumentista

Además de esas composiciones acreditadas, John dejó su imprenta en la mayoría de los temas de Queen, creando unas líneas de bajo espectaculares entre las que destaca por encima de todas las demás «Under Pressure», por su complejidad y por el impacto comercial que alcanzó.

A nivel interpretativo, Deacon consiguió introducir en el grupo técnicas de bajo utilizadas en muchos de los grandes discos de la época dorada de la Motown, pero su mérito fue conseguir que el bajo fuera el instrumento protagonista en algunos de los hits más impactantes de Queen como «The Dragon Attack», «Another One Bites The Dust», «Don't Try Suicide» o «A Kind Of Magic». En 1975, tras la edición de *Sheer Heart Attack*, una crítica de la desaparecida publicación británica *Melody Maker* decía de Deacon: «El menos conocido de los músicos de Queen es uno de los más hábiles entre los rockeros de su generación».

Como curiosidad, su compañero Brian May cuenta que le gastó una broma pidiéndole que tocara el contrabajo en su tema «'39» del disco *A Night At The Opera*, un instrumento que nunca había tocado ni poseía. El resultado fue que a los dos días Deacon se presentó con un contrabajo y habiendo creado la aportación al tema y aunque May no tenía intención de colocarlo en la canción, más acústica, no tuvo más remedio que rendirse a la belleza de la melodía incorporada por su compañero.

La polivalencia de Deacon le llevó a sustituir a Brian May al inicio de la grabación de *Sheer Hearts Attack*, cuando fue hospitalizado por una hepatitis; puso las guitarras de las primeras sesiones de grabación del álbum para no retrasar en exceso el trabajo. También tocó la guitarra rítmica en canciones como «Staying Power» y «Back Chat», y la guitarra solista en «Another One Bites the Dust» y «Misfire».

Sin embargo, Deacon nunca cantó con voz principal en ninguna canción, siendo el único componente de Queen que no lo hizo. Él declaró en varias ocasiones que se veía incapaz de competir con las voces de los otros miembros, quienes hacían buenas armonías, en especial tonos altos. De hecho en el vídeo de «Bohemian Rhapsody» aparece cantando cuando es el único miembro de la banda que no lo hace en el tema.

El genio de la electrónica

Ya hemos dicho anteriormente que la verdadera afición de Deacon era la electrónica y que al hacer la audición musical para Queen, una de las cosas que más habían valorado sus futuros compañeros fue el que supiera de electrónica. Desde los inicios, Deacon se dedicó a reparar los instrumentos y el *backline* de la banda, pasando más tarde a mejorarlos con pequeñas intervenciones técnicas que provocaban dos cosas: el mejor funcionamiento y un sonido cada vez más personal. Pero posiblemente la aportación más importante de John Deacon en el campo de la electrónica fue la creación del Deacy Amp, un pequeño amplificador casero que ha sido de vital importancia en el sonido de Queen.

Deacon encontró en la basura una placa con un circuito de amplificador de guitarra viejo y sabiendo las inquietudes de May por conseguir nuevos sonidos para su guitarra, se decidió a experimentar. Con una vieja caja de

El gran mérito de John Deacon fue conseguir que el bajo fuera el instrumento protagonista en algunos de los hits más impactantes de Queen.

altavoces que funcionaba con pilas de 9 voltios creó el Deacy Amp, sin controles de volumen ni tonalidad, al que acopló la pedalera treble-booster de Brian May. El resultado fue, casualidad o ingenio, que el guitarrista podía recurrir al Deacy Amp para recrear melodías de varios instrumentos orquestales, como violín, violonchelo, trombón y clarinete, a partir de su guitarra. Un amplificador que comenzaron a utilizar en *Queen II* y en cuya canción de apertura «Procession» se puede apreciar el nuevo sonido, que se transformaría en familiar en la carrera del grupo.

El Deacy Amp se utilizó en ocasiones para grabar voces con sonoridades completamente irreales como algunas partes de «Bohemian Rhapsody». Queen mantuvo el uso de este amplificador durante toda su discografía y jamás se estropeo o tuvo que repararse.

En 1998, los ingenieros de sonido Greg Fryer y Dave Petersen con el apoyo de Brian May iniciaron un proyecto para crear una réplica del Deacy Amp y comercializarla. Aunque las características del sonido extraído fueron aceptables, no disponía de la amplia tonalidad del original y se desechó.

En el año 2003 el técnico electrónico Nigel Knight, se involucró en el proyecto, implicando a varios fabricantes de altavoces y componentes electrónicos pero sin llegar a un resultado óptimo o exacto al original. No fue hasta el año 2010, tras doce largos años de investigación, que se creo una réplica aprobada por Brian May y sobre todo por John Deacon. La primera remesa del *KAT* Deacy Amp *Replica* se comercializó en marzo de 2011 y se agotó en tan solo un mes. Actualmente se puede conseguir on line.

James Dean Bradfield de Manic Street Preachers, Ray Torro de My Chemical Romance, Jamie Humphries de Kerry Ellis Anthems Band y Nalle Colt de Vintage Trouble, son algunos de los guitarristas que utilizan de forma regular el Deacy Amp.

Abandono total de la música

Tras la muerte de Freddie Mercury, John Deacon manifestó su deseo de abandonar la música en cualquiera de sus facetas. Apareció junto al resto de componentes de Queen en el *Freddie Mercury Tribute Concert* de 1992, junto a Roger Taylor en un concierto benéfico en 1993, en 1995 se dedicó a terminar el álbum *Made In Heaven* junto a Brian y Roger, y en 1997 participó en el primer y único single de Queen sin Mercury, «No-One But You». La última vez que participó activamente en Queen fue en París el 17 de enero de 1997 en el Theatre National de Chaillot, donde Queen con Elton John como vocalista interpretaron «The Show Must Go On» en el estreno de *Ballet For Life*, un espectáculo de danza creado por Maurice Béjart en memoria de Freddie Mercury y Jorge Donn, bailarín argentino de fama mundial que falleció de sida en 1992.

Tras esa actuación Roger Taylor y Brian May manifestaron la posibilidad de hacer algo nuevo con Queen, pero John Deacon dejó clara su postura sobre la imposibilidad de que la banda continuara sin Freddie Mercury.

Desde ese momento Deacon se retiró a una vida familiar tranquila y aunque sus compañeros siempre han asegurado que sigue involucrado en las cuestiones económicas de Queen, jamás ha vuelto a aparecer como miembro de la banda en ningún acto público, incluso se negó a aparecer con sus compañeros en 2011 en la entrada de Queen en el Roll & Roll Hall of Fame.

Brian May y Roger Taylor declararon en 2015 que apenas mantienen contacto con el bajista, y que permanece «completamente retirado de cualquier tipo de relaciones sociales. Quiere mantener su privacidad en su propio mundo. Aunque todavía se implica en los temas financieros».

Al mismo tiempo, Taylor declaró ante la negativa de Deacon de volver a actuar con la banda: «Creo que es un poco sensible, y simplemente no quiere saber nada que tenga que ver con el mundo de la música o cualquier cosa relacionada. Eso es suficiente para nosotros y le respetamos». Los dos miembros de Queen que siguen en activo no hacen nada sin consultar a John Deacon, quien por lo general da el visto bueno y se retira de los proyectos. Sin embargo, Deacon ha visto aumentado su patrimonio estos últimos cuatro años en más de 20 millones de libras en concepto de royalties, la mayoría generados por la obra musical *We Will Rock You* y las giras de Queen con Paul Rodgers y Adam Lambert.

El silencio del bajista solo ha sido roto en una ocasión, cuando Deacon expresó su opinión sobre la versión de «We are the Champions» que Brian May, Roger Taylor y Robbie Williams grabaron para la banda sonora de *A Knight's Tale*. Deacon declaró en una entrevista en *The Sun* que «es una de las mejores canciones jamás escritas, pero creo que la han arruinado. No quiero ser aguafiestas, pero digamos solo que Robbie Williams no es Freddie Mercury. Freddie nunca podrá ser reemplazado, y desde luego no por él».

Actualmente John Deacon ha dado el visto bueno para la grabación del *biopic* sobre la vida de Freddie Mercury, pero inmediatamente dejó claro que se mantendrá al margen.

The Quiet Man siempre ha sido fiel a su filosofía, el hombre discreto de Queen y una de las piezas esenciales del puzzle.

2. HISTORIA DE QUEEN

Don't Stop Me Now

Hemos dejado las vidas personales de cada uno de los miembros de Queen a las puertas de entrar a formar parte de la historia de la música rock, en el momento en el cual se junta el embrión de inquietudes y deciden crear una nave nodriza llamada Queen, que ni ellos mismos imaginaban que pudiera llegar a donde llegó.

No obstante desde un primer momento, y gracias a la fuerte personalidad de Mercury, que por encima de todo pretendía convertirse en algo mucho más importante que una estrella del rock, en una auténtica diva, un icono, o como él mismo declaraba en sus primeras entrevistas: «No seré una estrella del rock. Seré una leyenda», las cosas empezaron a funcionar de forma perfecta, o como dirían algunos, sin prisa pero sin pausa.

Arrogancia, fanfarronería, creer en sus posibilidades o simplemente teatro, una forma de venderse a la prensa y al público, la banda dividía su corazón en dos partes muy diferentes. Una, entender al público como lo más importante en sus vidas, sin el cual no podían crecer y ni tan siquiera subsistir, verlo como el inicio, el porqué y el camino a donde debían ir, mientras que la otra, la prensa, siempre fue un lastre, un impedimento de facto, una losa constante que les impedía crecer y sobre la cual generaron desde el principio un sentimiento de desprecio que se enquistó a lo largo de los años.

Un aprendiz de dentista, un técnico electrónico, un futuro astrónomo y un estudiante de diseño desubicado, congeniaron sus intereses, inquietudes

Estos cuatro jóvenes británicos consiguieron crear la banda de rock más admirada del planeta.

y anhelos para cambiar el mundo a base de canciones. Probablemente no consiguieron mejorarlo, quizás desde la música siempre ha sido una utopía sin sentido mejorar este planeta y a su gente; quizás, la música solo nos ayuda a pasar por él de forma más agradable y placentera, pero estos cuatro jóvenes británicos consiguieron crear la banda de rock más admirada del planeta, que hoy en día, 47 años después de que subieran por primera vez a un escenario como Queen, siguen provocando pasiones, llenando estadios y siendo uno de los grupos más importantes del universo rock, añorados como pocos han tenido el privilegio de serlo, han levantado un imaginario alrededor del grupo que provoca la sensación colectiva de que Queen permanecerá siempre entre nosotros.

Pero mucho más allá de construir esa maravillosa maquinaria llamada Queen, estos cuatro jóvenes consiguieron levantar un mito, la leyenda más importante del mundo del rock: Freddie Mercury.

Él fue quien mentalmente diseñó la maquinaria, fue sobre él que se sustentó la mitología Queen y cuando falleció, todo siguió rodando alrededor de él, Queen se transformó en una gran galaxia, en la cual su música, sus componentes, su legado y su propia historia, se transformaron en planetas que orbitan alrededor de la estrella que les aporta calor y vida, Freddie Mercury.

Tal y como sentenció Mick Rock, fotógrafo de rock que ha plasmado miles de instantáneas musicales, entre las que destacan nombres como Pink Floyd, David Bowie, Lou Reed, Iggy Pop, Ramones o Sex Pistols entre otros, Queen, con quien trabajó en los primeros años, «querían el mundo, y lo querían antes de la hora del té del viernes».

Creo que lo consiguieron.

Smile vs Queen (1960 -1970)

Nos encontramos en 1968, cuando Brian May y Tim Stafell, amigos y ambos alumnos de la escuela londinense Imperial College, deciden crear una banda de música para intentar emular a sus ídolos. Para ello colocan una misiva en el tablón de anuncios del centro en el que piden un batería que toque estilo Ginger Baker de Cream, porque entre otras cosas por ahí pensaban encaminar sus elucubraciones musicales, como un trío de rock blues a lo Clapton, Bruce y Baker.

Al anuncio responde un joven con pintas amaneradas llamado Roger Taylor que de entrada, avisa que no tiene batería porque se la ha dejado en casa de sus padres y hace la prueba con un set de percusión precario. El descaro, la pinta de estrella del rock que gastaba Taylor y el buen hacer percutor con el raquítico set de batería le abren las puertas del trío que se llamaba Smile.

Tras un tiempo con un teclista llamado Chris Smith que acompañaba a May y Staffell desde la banda 1984, se presentan en su concierto más importante y multitudinario el 27 de febrero de 1969 como trío de power blues, en el festival benéfico *National Council for the Unmarried Mother and Her Child*, celebrado en el Royal Albert Hall.

De hecho Smith, el teclista despedido de Smile, fue el que propuso la idea de la banda al ver que 1984 se les había quedado pequeño, sobre todo al dúo May-Staffell, «le dije a Tim que él y el guitarrista eran mucho mejor que el resto de la banda», recuerda Chris Smith en una entrevista, «1984 estaba teniendo problemas en ese momento, así que tuvimos una reunión en un pub en el Soho, y decidimos trabajar juntos... yo solo toqué un par de conciertos con Smile, fue en cuestión de semanas, pero no olvido que empecé la banda con Tim».

Smith tocó en el primer concierto de Smile, teloneando a Pink Floyd en lo que fue una actuación con poca respuesta del público que querían ver a unos lisérgicos Pink Floyd, que distaban mucho del sonido de Smile.

La banda decidió prescindir de Smith y lo hizo de forma muy poco elegante, la noche anterior al concierto del Royal Albert Hall, tal y como cuenta Tim Staffell: «Estábamos en la parte de atrás de una furgoneta dando vueltas sin sentido a la misma rotonda, hasta que alguien le dijo a Chris que al día siguiente queríamos salir como trío».

Años más tarde, Jim Jenkins y Jacky Gunn, en su libro *Queen: As it Began* definían a Smile de la siguiente manera: «Ellos tocaban una versión de una canción popular, utilizando todos los cambios en el tempo que podían encajar. A menudo sus interpretaciones duraban más de veinte minutos».

En marzo del mismo año acuden a Radio 1 de la BBC y reparten todas las entradas de un futuro concierto en la sala PJ's, batiendo el récord de invitaciones reclamadas en la emisora. Siempre se ha especulado que las llamadas eran ficticias y que se trataba de una maniobra de imagen propagandística, que de ser así les dio resultado, ya que consiguieron firmar con Mercury Records un contrato para poder grabar tres temas en los estudios Trident, algo que más tarde sería de vital importancia para la futura banda Queen.

Smile entraron en los Trident Studios del Soho londinense en junio del 69 para grabar un total de tres canciones bajo las órdenes de John Anthony: «Earth» (Staffell), «Step on Me» (May) y «Doin' All Right» (May/Staffell), este último tema era original de la anterior banda de May y Staffell, 1984.

Los temas deberían haber sido destinados a editarse en Estados Unidos, en un intento de vender la banda al público americano por parte de Mercury Records, pero no se hizo. Sin embargo, el sello les vuelve a colocar en un estudio en septiembre de ese mismo año para grabar nuevos temas. Esta vez será Fritz Freyer el productor y en los De Lane Lea Studios, donde graban una versión de Stanley Lucas, «April Lady» y dos temas de Brian May, «Blag» y «Polar Bear».

Las expectativas de Mercury Records se acabaron cuando se lanzó en Estados Unidos el single «Earth» y fue un fracaso absoluto, tal y como afirmó en el año 1984 Brian May, recordando el repertorio de Smile: «En su mayoría estábamos tocando material de otras bandas, adaptaciones de material de otros grupos. Hicimos una versión pesada de Yes de «If I were a Carpenter» donde empezábamos con un riff y construíamos sobre él. Tuvimos una versión elemental de «Doing Alright» que grabamos en el primer álbum de Queen. Había un tema nuestro llamado «Earth» que fue lanzado en Estados Unidos y vendido cero».

Smile fueron un grupo semi profesional que alcanzó cierta relevancia en el *underground* londinense, adquiriendo la suficiente entidad como para que sus miembros se cuestionaran dejar sus estudios e intentar probar en el negocio musical. Algo que años más tarde reconocería Taylor en una entrevista para la BBC al hablar de Smile, «la odontología era simplemente... una manera de llegar a Londres. Smile fue el detonante definitivo».

Por otro lado el círculo de Smile se cerraba cuando un amigo de Tim Staffell presenta a la banda a un joven estudiante de diseño llamado Freddie Bulsara, que pasó a ser el fan número uno del grupo, haciendo de *roadie*, conductor o lo que fuera necesario por estar en el entorno de la formación. De hecho sus compañeros han asegurado en muchas ocasiones que Freddie estaba como loco por entrar en Smile, pero la falta de oferta por parte de la banda le llevó a iniciar las aventuras que ya hemos visto en el capítulo dedicado a él.

Smile por su parte se fueron descomponiendo poco a poco. Al desastre del single editado en Estados Unidos se sumaba la negativa de no poder editar nada en el Reino Unido, ya que el contrato que habían firmado con Mercury Records era para los USA.

Un pequeño anuncio en el periódico anunciaba en junio de 1970 la actuación de Smile en la British Red Cross Society.

Brian retomó sus estudios de astronomía y se trasladó a Tenerife para realizar su proyecto, del que también hemos hablado ya. Roger retornó a la odontología y Tim Staffell decidió abandonar Smile y fichar por Humpy Bong, una banda que podía cubrir sus expectativas: «Salí de Smile, porque yo estaba empezando a dejarme seducir por la forma en que los americanos hacían música. Hay una diferencia radical con la forma en que los ingleses entendían la música. Alrededor de 1970, compré un álbum que cambió completamente mi actitud, fue el primer álbum de Ry Cooder».

El gran beneficiado con todos estos cambios fue Freddie Mercury, que no había conseguido triunfar como se proponía con sus aventuras musicales, Ibex, Wreckage y Sour Milk Sea, y ahora sí que era plausible pasar a formar parte de la banda de la que era un auténtico fan desde hacía años.

Brian May y Roger Taylor sufrieron un duro revés con la marcha de Staffell y en un principio se plantearon la posibilidad de abandonar la música, al menos temporalmente para reiniciar sus estudios respectivos, pero fue ahí donde entró Freddie, para convencerles que lo mejor era seguir con él como vocalista y cambiando el nombre a la banda.

En un principio Brian y Roger no acababan de creer que funcionara Freddie como vocalista, al que veían muy alocado y visceral para ellos, pero el entusiasmo que despertaba y la necesidad de agarrarse a un madero de flotación les impulsó a aceptar la propuesta.

Años más tarde Chris Smith, amigo y compañero de correrías musicales de Brian desde la banda 1984 declaraba que cuando todavía funcionaba Smile, vio como entraban en una tienda de música de Ealing Broadway, Brian May, Roger Taylor y Freddie Bulsara, se quedó mirando y pensó: «Ahí están. Esa es la banda que se va a comer el mundo».

La banda decide cambiar el nombre y el primero en plantearse es una idea de Roger Taylor para la cual incluso había realizado un logo, Build Your Own Boat. Como podéis deducir la idea no prosperó y tal y como el propio Taylor declaró años más tarde: «Gracias a Dios abandonamos esa idea».

Hay diferentes versiones del hecho de cambio de nombre, pero todas coinciden que Freddie Bulsara tenía claro que quería Queen como nombre de la nueva banda. Se dice que en un principio adoptaron el nombre propuesto por Taylor, sobre todo cuando Mary Austin, por aquella época novia inseparable de Freddie, apoyó la propuesta del batería, pero la tozudez de Bulsara ganó la batalla. También se apunta que Brian presentó el nombre de Grand Dance, extraído de la trilogía *Out of the Silent Planet* de C.S. Lewis, pero que evidentemente pasó a la historia con más pena que gloria.

Queen era un nombre grandilocuente que era lo que pretendía Freddie y al resto de la banda no le parecían mal las connotaciones homosexuales que pudiera acarrear, entre otras cosas porque pensaban que nadie las tendría en cuenta, más sabiendo el éxito que Freddie tenía con las mujeres y la compañía omnipresente de Mary Austin. Era más un guiño al espectáculo, a las pintas de amanerados que gastaban con los pelos largos y sobre todo Freddie y Taylor, que ya arrastraban el sobrenombre de las Reinas desde sus andaduras en el puesto de ropa y baratijas de Kensington Market .

Al mismo tiempo que se acepta cambiar el nombre a Queen, Freddie decide cambiar su apellido Bulsara, ya que lo considera muy excéntrico, exótico y que lo relaciona demasiado con un pasado que desea dejar atrás. Desde ese momento decide llamarse Freddie Mercury, en un principio debido a parte de la letra del tema «My Fairy King», pero también es cierto que el propio Freddie afirmó en varias ocasiones que el nombre de Mercury viene por el planeta, él era Virgo y Mercurio era su planeta gobernante.

Con la marcha de Staffell, Smile perdía al cantante y al bajista, la primera pieza estaba cubierta por Freddie Mercury, pero faltaba encontrar a alguien que ocupara las cuatro cuerdas. El elegido en primera instancia fue Mike Grose, una amigo de Roger Taylor de su infancia en Cornualles, convirtiéndose de esta forma en el primer bajista de Queen.

Debut y ruleta de bajistas (1970-1971)

Cuando Staffell decidió abandonar Smile, la banda ya se había comprometido a algunos conciertos que posiblemente podrían suspender; todos menos uno que estaba organizado por la madre de Taylor, la sra. Winifred Taylor y que estaba destinado a recaudar fondos para la sección de Cornualles de la Cruz Roja. Roger aseguró a su madre que el concierto se realizaría, porque habían conseguido encontrar a tiempo hasta dos sustitutos de Tim Staffell.

En las hemerotecas está marcada la fecha del 27 de junio de 1970 como el día en que Queen ofreció su primer concierto, algo que hoy podemos asegurar que es una verdad a medias.

Ese día fue el concierto en beneficio a la Cruz Roja y la banda a través de Roger Taylor comunicó a la organización del evento que debido a cambios en el seno del grupo habían decidido modificar su nombre de Smile por el de Queen, pero se toparon con los legalismos y el duro encorsetamiento burocrático de una asociación como es la Cruz Roja. La banda ya había firmado un contrato con el apelativo de Smile y para cubrirse las espaldas ante cualquier eventualidad que pudiera pasar, la organización del concierto decidió que la banda debería ser anunciada y tratada legalmente como Smile, no reconociendo el nuevo nombre de Queen. Es por eso que el sábado 27 de junio de 1970 en el Truro City Hall de Cornualles, debutó oficialmente Queen, pero bajo el nombre de Smile.

La primera formación de Queen/Smile en directo estaba formada por Freddie Mercury a la voz y pandereta, Brian May guitarra y coros, Roger Taylor batería y coros y Mike Grose como bajista. El concierto se basó en temas de Smile, versiones de Led Zeppelin y un primitivo «Stone Cold Crazy». La imagen de la banda nada tenía que ver con Smile, ya que Mercury había diseñado un nuevo vestuario, tal y como contaba Mike Grose años después: «Nos vestimos con pantalones ajustados de terciopelo negro, camisas negras y zapatos de tacón». Por aquella primera actuación la banda cobró 50 libras.

Aunque pueda parecer lo contrario, 1970 fue un año muy delicado a nivel personal para los músicos de la nueva banda Queen. Brian May y Roger Taylor debían terminar sus estudios obligados por sus familias, que no veían con buenos ojos los caminos que habían decidido recorrer. Económicamente estaban prácticamente en la indigencia, malviviendo de trabajos esporádicos y las escasas ventas del chiringuito de Kensington Market y algún encargo de diseño y grafismo de Freddie Mercury, quien ilustró un libro sobre la división aérea de la Segunda Guerra Mundial y algunos anuncios de ropa interior femenina. Taylor recordaba ese año diciendo: «Soñábamos con una lata de alubias. Estábamos arruinados, pero conseguíamos ofrecer un aspecto decente y más bien de categoría». Bajo esta premisa económica y el hecho de que no tenían conciertos en perspectiva y los que habían programado, máximo dos al mes, eran de escasos ingresos económicos, Mike Grose decidió abandonar el invento al tercer concierto, desertando tras la actuación del 27 de julio en la discoteca PJ's de Truro, donde aparecen por primera vez anunciados como Queen. Mike decidió volver a Cornualles y aceptó un trabajo fijo, abandonando definitivamente la música.

Un mes después del abandono de Mike, la banda tocaba en el Imperial College de Londres y presentaban a su nuevo bajista, Barry Mitchell, un vigilante jurado de aparcamiento a tiempo parcial y con mucho tiempo libre que estaba en las antípodas de Freddie Mercury. Mitchell entendía o justificaba que se podía subir a un escenario con la ropa que llevaba al salir del trabajo y no entendía el por qué Mercury se pintaba las uñas de negro, se vestía de forma estrafalaria y se alisaba el pelo con una plancha antes de cada actuación. Sin embargo y siendo a priori un polo opuesto a la idea de Queen, estaba encantado con su música y por eso se quedó en la banda hasta enero de 1971, cuando abandonó cansado de tocar en los mismos escenarios y no ver futuro. Mitchell actuó con Queen en un total de doce conciertos en ocho meses, la mayoría de ellos en colegios, pub y bares pequeños de Londres y en muchos de ellos anunciados como Queen/Smile todavía.

Abandonó la formación tras el concierto del 9 de enero del 71 en el Technical College de Ewell, donde tocaron de teloneros de Kevin Ayers y Genesis.

Llegamos al tercer bajista de Queen, un músico llamado Doug Ewood que solo estuvo dos meses en el grupo, enero y febrero del 71. Ewood actuó en dos conciertos consecutivos en Londres. El primero el 19 de febrero en el Hornsey Town Hall abriendo el show para The Pretty Things y The Pink Fairies, al día siguiente en el Kingston Polytechnic, haciendo lo propio para una de sus bandas preferidas, Yes. Dos experiencias no muy gratificantes, el día de The Pretty Things tuvieron que tocar nada más abrir las puertas de la sala y Queen realizó un concierto para algo más de 10 personas, mientras que al día siguiente abriendo para Yes, la audiencia de Queen no alcanzaba las 50 personas.

Se dice que a Doug Ewood lo despidió Mercury porque durante el primer concierto el bajista se burlaba del cantante delante de algunos amigos que habían venido a verle a él, es decir que de las escasas diez personas de público parte eran los amigos de Doug, pero Ewood siempre argumentó que fue él quien decidió dejar la banda: «Mis motivos para salir eran esencialmente musicales. No estaba disfrutando de las canciones que estábamos haciendo, yo siempre estaba más en el blues. El material que estábamos haciendo era sustancialmente las canciones del primer álbum. Queen todavía no

Primeros conciertos con el nombre definitivo de Queen, propuesto por Freddie Mercury.

había desarrollado su estilo, que emergió más adelante, y me aburría».

Tras la marcha de Ewood llegó John Deacon de la forma que ya hemos visto en anteriores capítulos de este libro. Aquí llega un momento de inflexión en la banda ya que desde que aparece Deacon y se cierra el círculo de Queen hasta que vuelven a presentarse en concierto pasan casi cinco meses, un impasse muy importante para la historia de la formación.

Brian May y Roger Taylor se preparan los exámenes finales de sus respectivos estudios, John Deacon se aprende el repertorio de la banda al mismo tiempo que se centra en arreglar el destrozado y mal cuidado *backline* del grupo y Mercury se toma en serio las críticas del resto de compañeros y se dedica a perfeccionar su estilo vocal, conocer los límites y posibilidades de su voz y aprender a manejar las armas que posee.

Contrato y primera entrega (1971-1973)

Tras ese breve impasse se encierran en una vieja casa de campo de Truro durante casi cinco semanas y comienzan a crear el set compositivo que a la larga formará parte del primer álbum, *Queen*.

La primera sorpresa es que Mercury canta mejor, domina su instrumento y ha ganado mucho en la composición, los amplificadores retocados por Deacon suenan de maravilla y él, el bajista, no solo se sabe el repertorio a la perfección si no que ha mejorado las líneas de bajo de forma magistral. Todo esto lleva a la decisión de que hay que entrar en estudio y buscar compañía discográfica.

Con esas premisas vuelven a los conciertos el 2 de julio del 71 en el College de la Universidad de Surrey, concierto que pasará a la historia como la primera actuación de John Deacon y de esta manera la primera vez que la mítica banda estuvo junta en un mismo escenario, 15 años, un mes y 7 días antes de su último concierto en Knebworth Park.

Ese año 1971 habían inaugurado unos estudios de grabación nuevos en Londres, con material puntero para la época y que buscaba grupos de rock con carisma y sin contrato discográfico para grabarles gratuitamente y así probar el nuevo equipo. Queen entró en los estudios De Lane Lea en septiembre de 1971 y grabó una maqueta con temas que al final incluirían en *Queen*, su primer disco: «Keep Yourself Alive», «Liar», «Jesus» y «The Night Comes Down».

La demo no atrajo a las compañías discográficas, salvo al sello Charisma, que les ofreció un contrato bajo unas condiciones que les parecieron insultantes y no aceptaron firmar. Sin embargo las canciones impresionaron a John Anthony, técnico que les había grabado como Smile en Trident Studios, que se las mostró al joven y prometedor productor Roy Thomas Baker, quien inmediatamente convenció a los dueños de los estudios, los hermanos Norman y Barry Sheffield, para firmar con Queen.

Queen firma un contrato con Trident Audio Production por el cual los estudios se comprometen a grabarles el primer álbum, pero utilizando el estudio en el tiempo que no era utilizado por los clientes de pago. En aquella época David Bowie estaba produciendo el *Transformer* de Lou Reed, según cuenta Brian May, «cuando Bowie terminaba de grabar a las tres de la madrugada, nos llamaban para grabar». La grabación se realizó a horas intempestivas y sin ningún plan de trabajo marcado, los músicos pasaban los días esperando una llamada del estudio de grabación para poder ir a trabajar. Todo esto provocó que el master se grabara entre los meses de junio y noviembre del 72 y que se utilizaran las grabaciones de los estudios De Lane Lea volviéndolas a mezclar. Se trató de una grabación inconexa, donde la concentración se perdía o era interrumpida, lo que se tradujo en un disco desigual, con una buena colección de canciones pero que jamás agradó por

Freddie grabando en De Lane Lea Studios, Londres, en septiembre de 1971.

completo a la banda, John Deacon por ejemplo, siempre declaró que ese disco no debería haberse editado y que no le gustaba como sonaba.

La compañía les impuso un manager, Jack Nelson, pero no pasaba cuentas con el grupo y lo hacía directamente con Trident, mientras que la banda recibía un sueldo de 20 libras a la semana y no tenía derecho a grabar en ningún otro estudio o negociar contratos discográficos que eran potestad de Trident. «En cierto sentido los propietarios de los estudios eran al final nuestros propietarios» decía Brian May respecto a un contrato que los ataba en tres puntos claves como eran derechos de publicación, contrato de grabación y contrato de representación, que pasaron a ser propiedad de Trident.

Durante la segunda mitad de 1972 la banda grabó el primer álbum sin tener contrato discográfico con ningún sello, incluso sabiendo que las primeras negociaciones de Jack Nelson con EMI no llegaron a buen puerto. Durante ese periodo de estudio a horas intempestivas, John Anthony le propuso grabar a Mercury para otro proyecto y registraron un tema de los Beach Boys llamado «I Can Hear Music», acompañado de Brian May y Roger Taylor pero bajo el nombre de Larry Lurex. Se editó un single que no tuvo ninguna repercusión.

Queen terminó de grabar el disco en noviembre de 1972, bajo las órdenes en un principio de John Anthony y Roy Thomas Baker, pero el primero

MELODY MAKER, April 7, 1973—Page 47

marquee

90 Wardour St., W.1   01-437 6603

QUIVERLAND BROS.	QUEEN
GREENSLADE	NAZARETH
MAHATMA	CHICKEN SHACK
JAM SESSION	STRIDER

12th NATIONAL JAZZ, BLUES and ROCK
READING, 24, 25, 26 AUGUST FESTIVAL

marquee

Anuncio en el *Melody Maker* del concierto de Queen en la prestigiosa sala Marquee, el 7 de abril de 1973.

se vio obligado a abandonar el proyecto quedándose al mando Baker, con quien la banda tuvo serios problemas en las mezclas, pero a la larga se estableció una relación laboral que lo llevó a producir los cuatro primeros discos de Queen y a diseñar el sonido de la banda en estudio.

El 7 de abril de 1973, con el álbum completamente grabado y mezclado, Trident organiza un concierto en la mítica sala Marquee de Londres donde concentran a numerosos agentes discográficos. Trident consigue que Roy Featherstone les ofrezca 300.000 libras de adelanto y un contrato a largo plazo. Mientras que las negociaciones de Jack Nelson con la CBS para editar el disco en Estados Unidos se rompen, y entra en escena el magnate discográfico Jac Holzman, propietario del prestigioso e innovador sello Elektra, que firma la edición discográfica de Queen en Estados Unidos.

Ya estaba todo el círculo cerrado y empaquetado. El disco grabado y mezclado, contrato discográfico con EMI para Europa y Elektra para Estados Unidos. Habían conseguido lo que pretendían, aunque para ello hubieran firmado un contrato casi feudal con Trident. En esta ocasión sí que podríamos decir que el fin justifica los medios.

En la contraportada de *Queen*, aparece un logo en tiralíneas sencillo y diseñado por Mercury que se convertiría en la seña de identidad de la banda. El Queen Crest, que es como se le conoce, mezcla una representación zodiacal de todos los miembros del grupo; dos leones por Leo (Deacon y Taylor), un cangrejo por Cáncer (May), y dos hadas por

El logo diseñado por Freddie Mercury para la contraportada del primer disco se convirtió en la seña de identidad de la banda.

Virgo (Mercury). Los leones se encuentran abrazando una gran letra Q, el cangrejo descansa sobre la letra, y de él se elevan unas llamaradas. Las dos hadas están debajo de cada león. Dentro de la Q hay una corona. El logotipo es eclipsado por un enorme ave Fénix.

Con todo esto llegamos al 13 de julio de 1973, día de la publicación de *Queen*, primer disco de la banda del mismo nombre.

Queen II. El crecimiento (1973)

El periodo de tiempo que transcurrió entre que Queen grabó el álbum y la compañía lo editó pasó factura a la banda, que de entrada estuvieron casi tres meses sin pisar un escenario, periodo demasiado largo para un grupo que se enfrentaba a la presentación de su primer álbum. En segundo lugar durante ese periodo de tiempo se habían editado discos que daban un vuelco al interés del público. David Bowie había puesto en escena su maravilloso *Aladdin Sane*, Roxy Music acababa de lanzar su *For Your Pleasure*, Slade triunfaba con un disco de finales del 72, *Slayed?*, T. Rex alcanzaba el número 4 del Reino Unido con su octavo disco, *Tanx*, todos ellos discos más marcados por el glam rock que por el hard rock que desplegaba Queen en su primer disco. El miedo a que se les hubiera pasado el arroz en un año les atormentaba.

La revista *Rolling Stone* calificó a Queen tras la publicación de su primer álbum como un grupo cargado de «aires engreídos de arrogancia y poco más».

Finalmente la recepción del disco no fue precisamente la que espera la discográfica ni el grupo. La revista *NME* lo describió muy gráficamente como «un cubo de orina rancia», mientras que una de las críticas más amables procedía de la revista americana *Rolling Stone* que lo calificaba como un grupo cargado de «aires engreídos de arrogancia y poco más».

Los problemas de comunicación con Roy Thomas Baker a la hora de las mezclas, la elección del primer single, «Keep Yourself Alive» por parte de la discográfica en lugar de temas como «Great King Rat» o «Son And Daughter» que eran las apuestas del grupo, y sobre todo que Queen como banda había crecido mucho en ese año, hacían de ese disco algo desfasado que querían olvidar rápidamente. Aunque hoy en día se considere un gran disco, hay que decir que es el único álbum donde el sonido de la banda no está definido y la producción, a pesar de las diferentes mezclas que se le han hecho, es muy pobre en comparación con su sucesor y siguientes discos. No obstante está repleto de buenas canciones que son clásicos de Queen.

El mismo día que se editó el álbum *Queen*, la banda ofrecía su primer concierto en tres meses en el Queen Mary College de Basingstoke, comprobando que el grupo no había perdido la conexión escénica, pero que el disco no había despertado entusiasmo después de varias semanas con el primer single, «Keep Yourself Alive» editado. Hicieron dos conciertos promocionales más, buscados por Trident para poner la banda a punto y embarcarse en un tour importantísimo de 34 fechas que comenzaban el 13 de septiembre en el Golders Green Hippodrome de Londres. Allí grabaron un directo para el programa de la BBC *In Concert*, una promoción fantástica que no se podían pagar y que fue la antesala de algo mucho más importante: realizar una extensa gira por Inglaterra acompañando a Mott The Hoople, banda con un público receptivo a la música de Queen.

Mott The Hoople estaban gozando de una fama inusitada gracias al tema «All The Young Dudes», compuesto por David Bowie y lanzado a mediados de 1972, lo que aseguraba a Queen tocar para audiencias numerosas que en ese momento no podían conseguir por sí mismos, y aun siendo Mott The Hoople una de las bandas cabeceras del glam, estaban mucho más cerca de Queen que de otros exponentes como Gary Glittler, T. Rex o el propio Bowie, ya que en directo rozaban el hard rock y eran más rockeros que los anteriormente mencionados.

Cuando se editó *Queen*, la banda ya tenía los temas del siguiente álbum y antes de marchar de gira con Mott The Hoople, se encerró en los Trident Studios, con Roy Thomas Baker a la producción y grabaron el que posi-

blemente sea el segundo álbum más
ambicioso que jamás registró banda
alguna. En esta ocasión no tenían
las horas muertas y libres del estudio, contaban con su propio espacio
y lo supieron aprovechar durante el
mes de agosto de 1973. *Queen II* es la
eclosión de todos los talentos indivi-
duales de la banda, con dos caras diferentes, la cara blanca y la cara negra,
la blanca y más sobria de May y su
maestría con la guitarra, la cara negra
más vodevil y gamberra, fantástica y
rebosante de la imaginación de Mercury, entre las dos caras «The Loser
In The End», un desgarrador rock de
Taylor que une los dos mundos, las
luces y las sombras, las tinieblas y el
resplandor.

Primer concierto de Queen como cabeza
de cartel, en el Friars Aylesbury.

Para la imagen de la portada la banda pidió a Mick Rock, que acababa de
hacer las fotos del último disco de Bowie, que buscara la forma de plasmar
esas dos caras del disco y Mick Rock creo una de las imágenes icónicas de la
música rock del siglo pasado. Mick escuchó el disco y se quedó maravillado,
según dijo era como «si Ziggy Stardust se cruzara con Led Zeppelin», y
para la portada de *Queen II* quiso rendir homenaje a una foto de Marlene
Dietrich, realizada por George Hurrell en 1932 para la promoción del film
Shanghai Express. Con la banda vestida de negro sobre fondo negro y consiguiendo iluminar las caras y las manos cruzadas de Freddie, que ejercía de
una majestuosa Marlene Dietrich, esa fotografía fue la imagen de Queen
durante toda la década de los 70 y posiblemente una de las imágenes más re-
conocibles de la historia del rock. Imagen que fue utilizada de nuevo para la
grabación del videoclip «Bohemian Rhapsody» (más tarde en «One Vision»
y «I Wants To Break Free»). En el desplegable del vinilo aparecían todos de
blanco, engalonados con plumas y muy glamurosos.

Con el disco grabado y esperando su edición, Trident pagó 3.000 libras
para incluir a Queen como teloneros de Mott The Hoople; pensaban, y
acertaron, que era el mejor dinero invertido en promoción que podían realizar. La banda, a pesar de no haberse editado todavía *Queen II*, tocaron en

esa gira muchos de los temas del segundo disco, y abrir cada noche para Ian Hunter y los suyos fue la mejor escuela de rock que podían encontrar. Brian May al cabo de los años recordaba a Ian Hunter, agradeciendo lo que les había enseñado: «Hunter era un viejo sabio del rock. Con Mott aprendimos muchas cosas». Brian May dedicó un tema del álbum *Sheer Heart Attack* a Mott The Hoople, en la letra de «Now I'm here» se puede escuchar: «Down in the city / Just Hoople and me» (En la ciudad / solo Hoople y yo).

La gira de Mott The Hoople y Queen fue adquiriendo prestigio y reconocimiento al mismo tiempo que la amistad entre las dos bandas crecía. Prueba de lo primero es que cuando llegó la fecha del Hammersmith Odeon de Londres el 14 de diciembre del 73, la organización tuvo que programar un segundo pase debido a la demanda de tickets agotados en pocos días. Las sinergias entre Mott y Queen llegaron a su punto más álgido cuando Mott The Hoople invitó a Queen a participar en su gira americana del 74, lo que proporcionaría a Queen una plataforma maravillosa para promocionarse en los Estados Unidos de cara a la edición del *Queen II*.

Finalmente, *Queen II* se editó el 8 de marzo de 1974, pero la percepción del mundo sobre Queen ya había cambiado.

Un año de infarto (1974)

El año 1974 fue un periodo muy traumático para Queen, aunque comenzó francamente muy bien; todos sabían que sería el año en el que Queen llegarían a la cima del mundo.

El 23 de febrero de 1974 se edita por fin el primer single de *Queen II*, el tema elegido es «Seven Seas of Rhye», tema que cerraba el álbum de debut, *Queen*, en formato instrumental, pero que volvería a cerrar el *Queen II*, en un tempo más rápido y con letra. Coincidiendo con el día de lanzamiento del primer single y con una estupenda reputación a sus espaldas tras la gira con Mott The Hoople, aparecen en el programa *Top Of The Pops*, posiblemente el programa musical más importante de la historia de la televisión británica.

Top Of The Pops comenzó a emitirse en 1964 y se trataba de un programa de divulgación de las novedades discográficas y las listas de éxito británicas, pero el gran acierto fue que comenzó a emitir bandas tocando en directo los temas que acababan de editar y eso fue una explosión de júbilo extraordinaria. El primer mes de emisión los jóvenes británicos pudieron ver por televisión a The Rolling Stones, The Beatles y Dusty Springfield. El programa dejó de emitirse el 30 de julio de 2006, por la falta de interés del público, más atraído por las descargas de internet y los vídeos de YouTube. *Top Of The Pops* cerró después de 42 años en la parrilla de la BBC, con más de 4000 actuaciones emitidas que forman un archivo videográfico impresionante, el programa sigue teniendo franquicias en diferentes países europeos.

El impacto de la actuación televisiva fue inmediato, el single «Seven Seas of Rhye» alcanzó el décimo puesto de las listas de ventas y el álbum, que se publicó el 8 de marzo, se colocó de inmediato en el número 5. Todo ello empujó a que *Queen*, su álbum debut, que no había aparecido en las listas, se situara en el puesto 83 de los álbumes más vendidos.

Cartel del concierto de Queen en Barcelona en febrero de 1974.

De inmediato comenzó la cacería de la prensa, que jamás se llevó bien con Queen. El *Record Mirror* describió el disco *Queen II* como «los residuos de un glam rock moribundo», mientras que Freddie Mercury se despachaba en el *NME* a una pregunta incisiva de la periodista Julie Webb, «Soy tan gay como un narciso». Mercury lo tenía claro desde siempre, la mala relación con la prensa, especialmente con la británica, que se perpetuaría con el paso de los años, era debido a que «hemos adquirido gran popularidad más rápido que la mayoría de los grupos y no hemos tenido que pagar ningún tributo a la prensa».

Trident y EMI apostaron por hacer una gira para presentar el disco con la banda como cabeza de cartel y Mercury les convenció de que pagaran un nuevo vestuario, que fue diseñado por Zandra Rhodes y consistía en largas túnicas de raso con pliegues que les daban una imagen mitológica y mágica. Desgraciadamente no pensaron que el nuevo vestuario no era el adecuado para tocar la batería así que Taylor no lo llevó y Deacon se cansó del mismo y solo lo utilizó en ocasiones especiales. De esta forma fueron Brian May y Freddie Mercury los que se convirtieron en el foco visual de la banda en directo.

La gira inglesa fue un éxito rotundo y la banda estaba en un gran momento y lo que era mejor, consciente de ello, traduciéndolo en la composición de nuevos temas de cara a un tercer disco que había de ser el definitivo, la eclosión, la confirmación, colocar la bandera de Queen en el Everest de la música rock.

El 4 de abril del 74 terminaron la gira británica de *Queen II* en la sala Barbarella's de Birmingham, con la banda Nutz de teloneros y dejando atrás 22 conciertos exitosos, la mayoría colgando el cartel de *sold out*. Doce días después se presentaban en el Regis College de Denver, Colorado, para iniciar la gira americana junto a Mott The Hoople, 40 conciertos que en algunos casos se estaban duplicando con segundo pase por la venta de entradas, que debían aprovechar para presentarse y ganarse al público americano.

Durante la gira la amistad entre las dos bandas se cimentó, sobre todo entre Ian Hunter y Brian May. Hunter se convirtió en una especie de maestro de Queen y todos le respetaban y obedecían, o casi, porque Mercury era una fiera salvaje que no podía ser domada. Hunter habló con la banda tras el primer concierto de Denver para advertirles que el público americano no se parecía al inglés, que no era igual un chaval de Liverpool que uno de St. Louis y que por mucho que odiaran a la prensa británica no tenían ni idea de lo que era capaz de hacer la prensa puritana americana. Hunter estaba preocupado por la imagen amanerada de Queen y en especial por la forma de actuar de Freddie Mercury y no se equivocó, pues en varios conciertos de inicio de gira el público abucheó a Mercury y le gritaban *fag*, *fairy* o *poof*, sinónimos que hacían referencia a una posible homosexualidad del vocalista. Hunter siempre estaba en primera línea de escenario para, cuando eso pasaba, hacerle gestos a Mercury de que frenara su ímpetu, pero que siguiera, que no se dejara amedrentar. Lo que aprendió Queen y en particular Mercury de esas enseñanzas, le ayudaría a convertirse en la estrella deslumbrante que llegó a ser encima de un escenario, sin complejos y sabiendo darle al público lo quería en cada momento.

Para sorpresa de propios y extraños, tras trece conciertos llegaron a New York y se instalaron en el Uris Theatre el 7 de mayo del 74 y por una larga semana. La primera noche se dieron cuenta que todo había cambiado y que entre el público no había complejos, y la representación de colectivos de tendencias culturales alternativas, *drag queens* y público claramente gay era numeroso y estaban cargados de entusiasmo y expectantes a la salida de Mercury, volcados desde el primer momento en el show con la banda. Los músicos de la primera formación de Kiss estaban en ese concierto y repitieron en varias ocasiones esa semana para ver a una de las bandas que más les interesaban del Reino Unido, tal y como ha confirmado en varias ocasiones Paul Stanley.

New York fue un punto de inflexión en el cual Queen comenzó a recoger
los frutos de su esfuerzo, los temas del disco sonaban en la radio, lo que lo
impulsaron al puesto 49 de la lista de discos más vendidos, manteniéndose
en esa posición más de 13 semanas. Había noches en que el público reac-
cionaba mejor con Queen que con Mott The Hoople, noches en las que el
personal había venido por Queen, consiguiendo que el sueño de la Reina se
hiciera realidad. Pero desgraciadamente el sueño se transformó en pesadi-
lla cuando Brian May comenzó a encontrarse mal y a tener una tonalidad
amarillenta en la piel que desembocó en la suspensión del concierto del 12
de mayo y su ingreso médico con un diagnóstico en primera instancia de ic-
tericia, es decir un aumento de la bilirrubina a consecuencia de un trastorno
del hígado, pero inmediatamente se confirmó una hepatitis en estado muy
avanzado que lo imposibilitó para continuar tocando.

Tras seis días gloriosos en New York, donde ofrecieron siete conciertos,
Queen tuvo que suspender el resto de la gira y volver a Inglaterra, más preocupados por la salud de su guitarrista que por la veintena de conciertos que
todavía le quedaban a la banda.

En varios conciertos de la gira por Estados Unidos el público abucheó a Mercury por su
imagen amanerada.

Hubo muchos rumores sobre cómo se contagió Brian May de hepatitis, seguramente todos falsos, pero uno de los que más circularon fue que en la previa del concierto del 1 de mayo en el Farm Arena de Harrisburg, donde debían abrir para Mott The Hoople, Queen y Aerosmith, banda de Boston que también tenía dos discos editados, no estaba claro quien tocaría primero y Mercury y Steven Tyler (vocalista de los americanos) se enfrascaron en una fuerte discusión que al final ganó Mercury y tocaron primero Aerosmith. Pero durante ese tiempo, Brian May, Joe Perry (guitarra de los de Boston) y algunos componentes del staff de Aerosmith, se bebieron más de una botella de whisky. Los rumores apuntan a que en esa sesión etílica fue donde se pudo contagiar May, pero lo único cierto es que esa noche Brian subió borracho al escenario, ofreció un concierto desastroso y se prometió a sí mismo que jamás volvería a beber antes de salir a tocar, cosa que ha cumplido con creces.

Tras la suspensión de la gira, de nuevo en Inglaterra y ante la perspectiva de que Brian no podría tocar en un tiempo, la banda decide entrar de nuevo en los estudios Trident para grabar el nuevo disco, pero en una de las primeras sesiones de grabación Brian May se cayó desmayado y tuvo que ser ingresado en el Kings College Hospital a consecuencia de una úlcera duodenal provocada por el tratamiento contra la hepatitis. Fue una época terrible para la banda, que se vio frenada en el momento en que estaba despegando y tremendamente dura para Brian May, que la recuerda como «una época horrible. Estaba preocupado porque tuvieran que continuar sin mí».

Todos los días la banda al completo le visitaban en el hospital y montaban una reunión de trabajo alrededor de su cama, escuchaban las grabaciones del día anterior, Brian le decía a Deacon lo que quería que grabara con su guitarra y el bajista, posiblemente el músico más completo de los cuatro, lo ejecutaba al día siguiente. Las primeras guitarras de *Sheer Heart Attack* son de John Deacon, pero no se nota absolutamente en nada. Brian se fue recuperando poco a poco, física y moralmente, sobre todo cuando su amigo y compa-

Queen, como cabezas de cartel, en la gira americana de 1975.

ñero Freddie, viendo la preocupación del guitarra por su ausencia le dijo: «Cariño, no te preocupes más. No podríamos continuar todo esto sin ti».

El disco *Sheer Heart Attack* se terminó de grabar en los tres meses del verano de 1974, cerrando la mitad de un año que había sido de auténtico infarto; posiblemente nada mejor que el título del disco refleja lo que habían pasado los componentes de Queen, un verdadero ataque de corazón, *Sheer Heart Attack*.

El poder de «Killer Queen» (1974-1975)

A pesar de que el contrato con Trident les obligaba a grabar solo en los estudios propiedad de la compañía, *Sheer Heart Attack* se grabó en tres estudios, debido a la complejidad de las grabaciones y al sonido que buscaban la banda y Roy Thomas Baker, estirando más la delicada cuerda que unía las relaciones con Trident.

La portada el disco vuelve a ser de Mick Rock, que intentó reflejar a los miembros de la banda en la situación tan complicada que se habían encontrado. La foto muestra a los cuatro músicos tirados en el suelo, desordenadamente unos sobre otros, con los ojos abiertos de extenuación e impregnados en sudor. Para dar esa sensación de sudor tan radical, Mick Rock les embadurnó de vaselina el cuerpo y la ropa, para luego rociarles de agua con una manguera, consiguiendo ese brillo de piel con el agua que resbalaba por la vaselina, una imagen de sudor extremo.

Sheer Heart Attack era un disco diferente, no tenía unidad y se trataba de un disco de rock en toda regla, canciones independientes y asumibles de forma rápida y directa, sin complejidades instrumentales que enlazaran un hilo conductor o cierto intento de obra conceptual como fue el caso de *Queen II*.

El 11 de octubre de 1974 se editó el single de adelanto del tercer álbum de Queen con los temas «Killer Queen/Flick of the Wrist» como doble cara A, pero fue «Killer Queen» la que supuso el salto definitivo a la industria discográfica.

«Killer Queen» reúne en tan solo tres minutos la esencia de lo que era y podía llegar a ser Queen. Un tema rock con arreglos vocales increíbles, coros estratosféricos, la guitarra de May sonaba de maravilla apoyada por el sonido que se extraía del Deacy Amp creado por John Deacon y todo el tema destilaba una aureola pop que inmediatamente contagió al público y lo aupó al número 2 de la lista de singles más vendidos del Reino Unido.

Programa de la gira de Queen por Japón, en 1975, que resultó un completo éxito.

Cuando se editó *Sheer Heart Attack* el 1 de noviembre, el público británico lo estaba esperando con verdadera expectación y lo colocó de entrada como el segundo álbum más vendido de las listas británicas, aguantando en el número 2 más de 42 semanas consecutivas. El disco se editó cuando Queen llevaban tres conciertos de una gira de presentación englobada en el *Sheer Heart Attack Tour* de 19 fechas como artista principal, tour que culminó con dos extraordinarios conciertos celebrados en el Rainbow Theatre de Finsbury Park con el cartel de *sold out* las dos noches.

Pero inmediatamente Queen bajó de la nube y volvió a la cruel realidad, Trident no había confiado en ellos para cerrar la gira Europea como cabezas de cartel y en los conciertos de Suecia, Finlandia y Alemania, un total de siete actuaciones, Queen compartió escenario con Lynyrd Skynyrd, gran banda de southern rock que estaba en las antípodas de Queen y con públicos totalmente opuestos. En alguno de los conciertos alemanes el público se nutría de soldados americanos destinados en Europa, representantes de la América negra y profunda, extremadamente rancia y belicosa que los recibían con grandes carteles de *Queen Sucks* y los consabidos gritos de *fag* o *fairy*.

El resto de la primera gira europea incluyendo Holanda, Bélgica y España, concretamente Barcelona, acogió el último concierto de la gira el 12 de diciembre de 1974. Con un Palacio Municipal de Deportes de Montjuïc a rebosar y con la banda española Storm como teloneros, Queen fueron la banda principal y no debieron soportar las inclemencias de una pésima gestión de Trident.

La situación con Trident era insoportable y Queen, que tras el éxito de «Killer Queen» primero y *Sheer Heart Attack* después, estaban considerados como verdaderas estrellas del rock, no habían notado el cambio y como muestra basta decir que su sueldo había cambiado de 20 libras a 70 libras semanales. Intentaron rescindir el contrato con Trident, pero se encontraron con una auténtica sorpresa, la banda debía a la compañía más de 120.000 libras si quería romper el contrato. Esto que puede parecer al lector como un acto tan repugnante como alejado de la realidad, era y desgraciadamente es una práctica común en contratos discográficos, donde los músicos son sometidos a cláusulas draconianas que los aprisionan como auténticos esclavos y normalmente no tienen la suerte o pericia de Queen y terminan por separarse.

El 5 de febrero de 1975 Queen inicia una gira de 39 fechas por Estados Unidos y algunas en Canadá. En esta ocasión cuentan con todo el apoyo de Elektra y la gira la realizan como banda principal y en la mayoría de los conciertos son acompañados de Kansas, una extraordinaria formación que si bien tenía poco en común con Queen, era un estupendo grupo *supporting*. Lo más curioso es que los carteles de la gira aparecían con las letras de Queen en grande y la corona dentro de la Q, en lo que es una simplificación habitual del logo, pero con la leyenda *British Rock In The Royal Tradition*.

El álbum *Sheer Heart Attack* se colocó en el puesto número 12 del Billboard americano y se mantuvo en esa posición más de 9 semanas. Esto suponía un número de ventas increíbles y la seguridad de que los conciertos de la gira iban a estar llenos, en muchas ocasiones con *sold out* y debiendo hacer un segundo show el mismo día.

Pero la gira también tuvo un susto mayúsculo, si en la anterior gira americana fue Brian May quien enfermó de hepatitis, en esta ocasión fue Freddie Mercury quien tuvo problemas con su garganta y en una primera revisión le detectaron nódulos en las cuerdas vocales y le aconsejaron que debería dejar de cantar. Una situación que pudo poner fin a la carrera de la banda, pero que afortunadamente se trato de un error de diagnóstico y en una segunda revisión se le detectó la garganta muy irritada e inflamada, pero sin nódulos ni nada preocupante. La banda debió suspender algunas fechas tras su concierto de Washington y Freddie tuvo que mantener reposo, casi sin hablar y con tratamiento médico durante ocho días antes de reanudar la gira. La segunda gira americana de Queen fue todo un éxito y la banda terminó el tour con la sensación de que el mercado americano se había abierto a su música. Y para redondear esa sensación de buena racha, a Mercury le concedieron el Premio Ivor Novello por «Killer Queen».

Rompiendo las cadenas (1975)

Queen regresó de la gira americana, tras unos días de descanso en Hawai, con la intención de arreglar su situación económica, que era insostenible. La banda era una maquina de generar ingresos, *Sheer Heart Attack* había alcanzado el número 2 de las ventas británicas, el 12 del Billboard americano y además era un éxito de ventas en numerosos países europeos. Todo eso suponía unos ingresos para Trident inmensos, pero el grupo no veía nada más lejos de la subida a 70 libras semanales como sueldo.

Trident argumentaba que la compañía había invertido más de 200.000 libras en la promoción de Queen, así como en vestuario, equipos de sonido y demás gastos necesarios y que todavía no los había recuperado. La realidad de la banda era otra muy diferente. Mercury vivía con Mary Austin en la misma casa de Kensington de los años de Smile, amplia pero con graves problemas de humedad que afectaban a su garganta. Brian May vivía en un sótano alquilado en Earls Court, en el que apenas entraba la luz y la humedad favorecía el crecimiento de hongos en las paredes e incluso las cuerdas de la guitarra se le oxidaban de la humedad. John Deacon se quería casar ese año y comprar una pequeña casa, por lo que pidió un adelanto de royalties a Norman Sheffield, uno de los hermanos propietarios de Trident, que se lo negó. Pero la gota que colmó el vaso fue que Freddie les pidió un nuevo piano, ya que el suyo estaba estropeado por la humedad, una avería conocida como *teclas perezosas* y viejo, muy viejo. Freddie necesitaba un piano nuevo para la composición de los temas de su nuevo disco, el cuarto álbum, que debería ser el definitivo. La negación de Norman Sheffield a comprar o alquilar un nuevo piano hizo que Freddie explotara y según contó el propio Norman, Freddie dio un puñetazo en su mesa, le grito a la cara «¡Pero si somos estrellas del rock! ¡Estamos vendiendo millones de discos!», hizo un barrido tirando al suelo todo lo de la mesa y se marchó dando un portazo.

Queen contrató a un abogado, Jim Beach, que más tarde se convertiría en el manager de negocios de la banda, cargo que sigue ocupando hoy en día,

Además de su gran éxito, la banda era ya en 1975 una máquina de generar ingresos.

además de ser uno de los administradores de la junta de Mercury Phoenix Trust. Jim Beach comenzó unas largas y tediosas negociaciones para romper el contrato de Queen con Trident, mientras la banda seguían con Jack Nelson, el manager colocado por Trident, más para controlarlos que para guiarlos, provocando un vacío comunicativo e indagando en otro manager para negociar un nuevo contrato discográfico con EMI.

Mientras pasaba todo esto Queen tuvo que volver a salir de gira con el álbum *Sheer Heart Attack*. Tan solo trece días después de haber finalizado la gira americana encaraban una gira japonesa que era una auténtica incógnita para los músicos y terminó convirtiéndose en una agradable y grandiosa sorpresa. EMI había comprobado que las ventas de Queen, especialmente de *Sheer Heart Attack* y *Queen II*, eran extraordinarias en Japón y no querían que se repitiera la situación de Deep Purple, banda de hard rock de la misma compañía, con la que había ignorado sistemáticamente el mercado japonés y tras la grabación de un directo en Tokio que ni la misma banda quería registrar, el doble álbum *Made in Japan*, se convirtió en un éxito mundial de ventas y encumbró a Deep Purple como leyenda del hard rock.

La llegada a Japón de Queen fue apoteósica al mismo tiempo que caótica. Miles de fans en el aeropuerto Hadena de Tokio esperando a la banda que en un principio se quedó maravillada y agradecida, pero cuando los fans saltaron el cordón policial la cosa paso a ser más dramática. Centenares de fans enloquecidos con pancartas que ponían *Love Queen!*, consiguieron llegar a los músicos y ante su estupefacción, les comenzaron a dar tirones de los cabellos, arrancarles botones de la camisa, mangas de la ropa e incluso a Brian May le robaron un zapato. El público japonés sentía pasión por Queen y era fantástico, la banda agotó las entradas de los ocho conciertos, incluidas las dos fechas en el Nippon Budokan con una capacidad de 14.000 personas.

Queen volvió a sentirse importante, como auténticas estrellas de rock, cualquier cosa que hacían o decían en Japón tenía consecuencias agradables, como cuando Brian May dijo en una entrevista televisiva que le gustaban mucho los pingüinos, y en los siguientes conciertos las primeras filas le inundaban su espacio de pingüinos de peluche; fue como un sueño que duró escasamente diez días, los que tardaron en regresar a Inglaterra.

La banda se volcó en conseguir un nuevo manager y llamaron a muchas puertas, la mayoría importantes agencias y managers de grupos consolidados, pero fue Elton John, que se había convertido en un fan de la banda y en amigo de Freddie Mercury al comenzar el vocalista a frecuentar ambientes gay del *underground* londinense, quien les recomendó a su propio manager, John Reid.

Reid aceptó trabajar con Queen pero el primer consejo que les dio fue que abandonaran Trident como fuera, que se encerraran a trabajar en el mejor disco que fueran capaces de crear y que se olvidaran del resto, que de eso ya se encargaba él. John Reid dejó que Jim Beach, abogado y amigo de la banda, negociara con Norman Sheffield las condiciones de rescisión del contrato con Trident y la posible indemnización, que alcanzó las 100.000 libras y el uno por ciento de los royalties de ventas de los próximos seis discos de Queen. John Reid les adelantó las 100.000 libras y les puso un manager personal, Pete Brown, para que llevara los asuntos diarios de Queen.

Fue una operación que incluso en un principio los propios miembros de Queen no estaban dispuestos a hacer, porque tenían la sensación de que habían dado mucho a Trident y recibido muy poco, era como firmar una derrota, pero visto con la perspectiva que otorga el tiempo, fue la decisión más inteligente que podían tomar y pasaron desde ese momento a controlar ellos todo lo referente a Queen, algo que ya jamás han dejado de hacer.

Bohemian Rhapsody

Una vez rota la relación con Trident, Queen se preparó para centrarse solo en crear música olvidándose de todo lo demás. Fue entonces cuando Freddie Mercury se atrevió a presentar una nueva canción que le venía rodando en la cabeza desde hacía tiempo y posiblemente sería el objetivo para el cual pidió un piano nuevo a Norman Sheffield.

Antes de empezar a grabar el nuevo álbum Freddie tocó unas pequeñas piezas inconexas al piano explicando a cada uno de los miembros de la grabación qué iba en cada parte, aunque todavía no lo tenía todo escrito. Por ejemplo, avisó a Roy Thomas Baker, que volvería a repetir como productor junto a Queen, dónde iba a colocarse una sección operística ante la cara de estupefacción del resto de músicos.

Freddie iba llegando cada día con apuntes en pequeños papeles y ordenaba a los demás lo que debían de hacer, apuntes que en la mayoría de las ocasiones solo entendía él, pero que el resto del grupo intentaba llevar a la práctica, tal y como dijo Brian May refiriéndose a ese tema, que finalmente se llamaría «Bohemian Rhapsody»: «Freddie tenía el esquema en su cabeza. Nosotros solo nos limitamos a intentar entenderlo y construir la canción».

Cuando comenzó la grabación del álbum, el resto de la banda sabía muy poco de «Bohemian Rhapsody», tan solo grabaron una base de piano, bajo y batería y lo dejaron aparcado. Era cuando Freddie aparecía y les decía «quiero que hagas esto y se coloque de aquí hasta aquí», cuando Thomas Baker y el músico en cuestión volvían a grabar sobre el tema.

A medida que se iba construyendo el tema, los músicos comprobaban que era una canción sin estribillo y al final se perfiló como un tema que estaba dividido en seis secciones: una introducción a capela, una balada con tonalidades pop, un extraordinario solo de guitarra, un segmento operístico de compleja realización, un potente fragmento de rock y para terminar un epílogo o coda que retoma la balada inicial para despedir el tema. En total casi seis minutos de canción, posiblemente la canción más complicada de grabar para Queen y un tema que significó muchísimo para la banda como para la historia de la música en muchos sentidos.

«Bohemian Raphsody» se grabó en tres semanas, empezando en Rockfield Studio el 24 de agosto de 1975, tras un ensayo de tres semanas en Herefordshire. Durante el proceso, se usaron otros cuatro estudios adicionales además del mencionado Rockfield: Roundhouse, SARM, Scorpion y Wessex. Para la sección operística May, Mercury y Taylor cantaron continuamente de diez a doce horas por día, obteniendo 180 grabaciones separadas de los diferentes estudios donde grababan. Como los estudios de aquella época solo disponían de cintas analógicas de 24 pistas, fue necesario que los tres se sobregrabaran numerosas veces y reiteraran estas grabaciones en sucesivas submezclas. Al final, terminaron usando cintas de octava generación.

La grabación de este tema supuso un reto para los ingenieros de sonido que comenzaron a trabajar en formatos de grabación que ofrecieran las posibilidades que Queen, Thomas Baker y el ingeniero Gary Langan (quien ya trabajó en *Sheer Heart Attack*), habían conseguido de forma tan artesanal.

Cuando tuvieron listo todo el disco, que se llamaría *A Nigth At The Opera*, pero no como referencia a «Bohemian Rhapsody» si no al film de los hermanos Marx del mismo título, Queen exigió que el primer single fuera «Bohemian Rhapsody». Obviamente recibieron una negativa como respuesta, los ejecutivos de la compañía discográfica esgrimieron que un tema de 5:54 puede estar muy bien para el interior del disco, pero nunca como single de presentación y menos con la complejidad que tenía esa canción; el manager John Reid pensó desde el principio que ese sencillo sería la muerte de Queen comercialmente, pero no pudo convencerles, mientras que alguien, posiblemente Pete Brown, sugirió que se podría recortar el tema para que fueran escasos tres minutos, a lo que Freddie se negó con rotundidad. Incluso John Deacon no estaba de acuerdo con la decisión de escoger «Bohemian Rhapsody» como primer single, pero respetando la opinión mayoritaria de la banda lo aceptó de mala gana. Finalmente EMI les dijo que ninguna emisora de radio pincharía esa canción y se negó a editarlo como single.

Freddie Mercury tendió una trampa a la compañía de discos e incluso a sus propios compañeros, algo que evidentemente nunca se pudo demostrar y todos niegan. Freddie conocía al prestigioso Kenny Everett, dj de la emisora londinense Capital Radio a quien le pasó una cinta de cassette con el tema para saber su opinión, pero bajo la condición de que no la podía hacer pública bajo ningún concepto.

Lo primero que hizo Everett al llegar a la emisora es romper su promesa y pinchar el nuevo tema del grupo de rock Queen, un tema que mezcla el rock y la ópera y que dura casi seis minutos. La audiencia se volvió loca y no paraban de colapsar las líneas telefónicas para pedir que se radiara otra vez el tema nuevo de Queen, «el de Galileo», «ese de Fígaro»... Brian May, que no sabía nada de todo eso contó que: «Me desperté escuchando "Bohemian Rhapsody" a todo volumen en el piso de arriba de mi apartamento... pensé que me estaba volviendo loco».

EMI no pudo negarse a editar el single, tras enterarse que Capital Radio la había programado 14 veces en un fin de semana a petición popular. De esta forma «Bohemian Rhapsody» se publicó el 31 de octubre de 1975, acompañado por el tema de Taylor «I'm in Love with My Car» como cara B. Ahora faltaba la televisión, pero cómo podrían presentar «Bohemian Rhap-

sody» en el programa *Top Of The Pops*, si la parte operística era imposible de interpretar en directo. Pero hasta eso lo tenía claro Mercury, la banda contrató por cuatro mil quinientas libras a Bruce Gowers para grabar una pieza de vídeo donde la banda interpretaría la canción, ante la imposibilidad

Para la portada de *Queen II*, la banda se inspiró en una foto de Marlene Dietrich, realizada por George Hurrell en 1932 para la promoción del film *Shanghai Express*.

de interpretar en directo las 180 voces de la sección central. El tema se grabó en los Elstree Studios el 10 de noviembre del 75 y se hizo una segunda versión con efectos de fuego en la entrada del tema y tomas de cámara diferentes en el interior de la canción para que el *Top Of The Pops*, tuviera una edición inédita. Se trató desde un primer momento de una idea de Queen que quería dar vida a la imagen icónica de la portada de *Queen II*.

De esta forma, Queen contribuyó a crear el primer videoclip de la historia, si bien hay quien opina que una cinta cinematográfica de The Beatles con música del tema «Strawberry Fields Forever», podría considerarse el primer videoclip de la historia, lo cierto es que las imágenes son inconexas, mientras que el vídeo de «Bohemian Rhapsody» es una grabación realizada expresamente para apoyar una canción en televisión, verdadera función de este formato de promoción.

«Bohemian Rhapsody» entró directamente al número 47 de la lista de singles británicos, pero al poco tiempo alcanzó el número 1 y se mantuvo durante 9 semanas. Se trata del único single de la historia que consiguió alcanzar el número 1 dos veces con la misma versión. La segunda ocasión fue tras la muerte de Mercury cuando EMI editó el tema como single acompañado por «These Are the Days of Our Lives» y permaneciendo en el nº 1 durante 5 semanas.

Por encima de las cifras, «Bohemian Rhapsody» es una de las canciones más bellas de la historia de la música popular, y es la cima de creatividad de Queen y directamente de Freddie Mercury.

Éxito y turbulencias (1976)

A Nigth At The Opera se editó el 21 de noviembre del 75, siendo de entrada el álbum de rock más caro de la historia hasta ese momento, algo que fue increíblemente inusitado, nadie entendía cómo una compañía como EMI apostaba de esa forma por un grupo que si bien había tenido un éxito internacional con «Killer Queen», todavía estaba despegando y en el fondo era problemático, tanto por su ambigüedad musical como por su extravagante puesta en escena y por el torbellino salvaje e indomable de su líder. Es muy probable que todo esto se subsanara con la labor de John Reid, quien tenía a la compañía a comer de su mano en una época que atravesaba gran inestabilidad por la falta de gerente y varios cargos importantes.

La cuestión es que *A Nigth At The Opera* alcanzó el número 1 en el Reino Unido y permaneció más de 52 semanas en las listas obteniendo el disco de platino; en Estados Unidos llegó hasta el número 4 del Billboard, pero se vendieron más discos y alcanzó el triple platino. Además fue nº 1 en ventas en Holanda, Australia y Nueva Zelanda, consiguiendo vender más de 4 millones de copias en todo el mundo.

Otro dato importante es que se trató del primer álbum de Queen que funcionó en Sudamérica, alcanzando el disco de platino en Argentina, lo que obligo a la banda a marcar el continente como futuro objetivo.

Pero el disco también trajo diferentes problemas al grupo. El primero de ellos es el tema que habría el disco, «Death On Two Legs (Dedicated To...)», una canción de Mercury donde se despacha a gusto con su relación con Norman Sheffield, quien planteó a EMI una demanda y consiguió del sello discográfico una buena indemnización, por miedo a que un tribunal pudiera reclamar la retirada del disco de las tiendas.

Mercury explicó lo siguiente de este tema: «Era la letra más malintencionada que había escrito jamás. Contenía tanto rencor que Brian se sentía mal

al cantarla. Simplemente escu-
chen la letra atentamente, niños.
Es una cancioncilla desagradable
que saca a relucir mi vena malig-
na. Trata sobre un viejo desagradable que conocí. La letra salió
con mucha facilidad...»

Otro de los problemas fue interno y con un claro tinte económico.

Queen, desde el primer disco, habían llegado al trato o
pacto entre caballeros, que las
canciones se decantarían en autoría al compositor que aportaba la letra y la idea. Todo eso

A Nigth At The Opera se editó el 21 de noviembre
de 1975 y fue número 1 en Reino Unido, donde
permaneció 52 semanas en las listas.

funcionó muy bien, aunque no se trataba de una realidad en el día a día de
la banda. Si un componente traía una idea, los demás la desarrollaban, la
canción pasaba a ser parte de todos tras haberse construido en un trabajo
conjunto. Esta situación la propiciaba el hecho de que no componían juntos
y que cada uno se aislaba del resto de la banda para crear sus partes, hasta
que al final se mezclaban todas en la grabación final. Todo esto comenzó a
desmoronarse con «Bohemian Rhapsody» y su enorme éxito, que aportó
una gran cantidad de dinero en royalties, pero todos o prácticamente la totalidad fueron a parar a manos de Freddie Mercury por ser quien figuraba
como autor y a Roger Taylor, autor del tema «I'm In Love With My Car»
que figuraba como cara B, mientras que Brian May, autor del extraordinario
solo de guitarra del tema, o John Deacon, que había construido las bases de
bajo de los dos temas, veían como el dinero pasaba delante de sus narices sin
apenas tocarlo.

Esto provocó conflictos muy tensos en el seno de la banda, agravados por
la falta de asimilación del éxito obtenido por parte de Freddie, que comenzó
una época de despilfarro que hizo daño a mucha gente. *A Night At The Opera*
convirtió a Queen en superestrellas y a Mercury en la mayor y más brillante
de ellas. Mercury había creado un personaje extravagante en el escenario,
pero lo trasladó a su vida fuera del entarimado, ganándose una desastrosa
reputación de despilfarro, descontrol y extravagancia arrogante. Sobre todo
creó una imagen irrespetuosa, distorsionada y nada amigable en las entre-

vistas, donde organizaba verdaderos shows esperpénticos que en ocasiones terminaban volviéndose contra él. Según Taylor, Mercury se lo tomaba todo como una gran broma y lo encontraba muy divertido, siempre decía «Que se jodan! No les gusto, pues voy a ser todavía peor».

Su extravagancia le llevó a contratar para la siguiente gira a un masajista personal y el manager que John Reid les había otorgado para llevar el día a día de la banda, Pete Brown, pasó a ser casi su asistente personal realizando trabajos tan estúpidos como cortar las espinas de las rosas que Freddie iba a lanzar al público.

También comenzó a desarrollar una personalidad muy violenta y sus ataques de ira se hicieron cada vez más comunes, hasta el punto de que, a modo de broma, en los créditos del siguiente disco figuraba la frase: «Freddie Mercury: vocals, piano, choir meister, tantrums (rabietas)».

En diciembre de 1974 le había pedido matrimonio a Mary Austin y ella había aceptado. Tras el éxito de «Bohemian Rhapsody» cambió de opinión, provocando una decepción más en Mary, que tuvo que soportar innumerables infidelidades a lo largo de los años. Si en el disco *At Night At The Opera* había escrito «Love Of My Life» inspirado en Mary Austin, en *A Day At The Races*, su siguiente álbum, aparecía el tema «Good Old-Fashioned Lover Boy» dedicado a su nuevo amante, David Minns. En el Reino Unido la homosexualidad se había despenalizado en 1967, aunque todavía no estaba completamente aceptada a nivel social; pero era tratada como un pecado inaceptable y vergonzoso en la fe parsi, posiblemente uno de los motivos por los que Mercury la ocultó durante tanto tiempo, intentando provocar el menor daño posible a su madre.

David Minns era manager de un cantante mediocre llamado Eddie Howell y convenció a Mercury para que le produjera un single llamado «The Man From Manhattan», que fue un verdadero desastre y una inversión desmesurada de tiempo en el estudio de grabación, de ideas y esfuerzos que lo apartaron momentáneamente de Queen, hasta que Eddie Howell se hundió definitivamente en el olvido.

La gira de presentación de *At Night At The Opera* fue la constatación de que Queen habían alcanzado lo más alto del firmamento rock. Una gira que comenzó el 14 de noviembre del 75 en Liverpool para realizar un total de veintiséis conciertos en el Reino Unido. No hubo posibilidad de hacer gira europea esta vez, aunque había demanda por verles en países como Alemania, Suiza y Holanda, pero se embarcaron en una nueva gira americana como cabezas de cartel con treinta y tres actuaciones cerradas y la mayoría de ellas con el cartel de *sold out*. Sin apenas descansar, Queen repitieron la experiencia japonesa pero aumentando en esta ocasión a once actuaciones y sumando siete conciertos en Australia, que configuraron el tour más largo que habían realizado hasta la fecha, con un total de setenta y siete shows en poco más de cinco meses, para entrar acto seguido a plasmar las nuevas ideas en el siguiente disco.

Jugando con los hermanos Marx (1976-1977)

Queen entró en estudio en julio de 1976, con la intención de reafirmar la estela creadora de *A Night At The Opera*, intentando no diluirse en el espacio tiempo y aprovechar el hambre de Queen que había generado ese disco.

Pero no todo iba a ser igual. Roy Thomas Baker no estará a los controles y llevando la producción, que correrá a cargo de la banda al cien por cien. «Roy era un gran productor y sabía lo que queríamos», dijo Freddie, «pero ya hemos aprendido y nadie lo puede hacer mejor que nosotros». De esta forma Queen asume la responsabilidad, ayudados por el ingeniero Mike Stone en los estudios Sarm West, The Manor and Wessex, Inglaterra. No hubo ningún tema como «Bohemian Rhapsody» pero todo, desde el título

Fue Elton John, que se había convertido en un fan de la banda y en amigo de Freddie Mercury, quien les recomendó a su propio manager, John Reid.

que volvió a ser escogido de una película de los Hermanos Marx, *A Day At The Races*, pasando por la portada, que volvía ser el logo de la banda pero en esta ocasión sobre fondo negro, hasta el sonido que consigue provocar la sensación de que son álbumes gemelos, y aunque no era una obsesión del grupo, todos pensaban que no se podía entender el uno sin el otro.

At Night At The Opera y *A Day At The Races*, son los discos que representan la cima creativa de Queen, no solo por contener «Bohemian Rhapsody», posiblemente la canción más importante que llegaron a crear, es que los dos discos respiran una libertad sonora que pocas veces alcanzan los discos, comparables a obras como *Sgt. Pepper's Lonely Hearts Club Band* de The Beatles o *Dark Side Of the Moon* de Pink Floyd. Discos irrepetibles que no solo cambian la historia de los creadores, sino que significan un auténtico terremoto en la industria musical, discos que generan adicción y traspasan la importancia de sus autores, verdaderas obras de arte.

Cuando Queen llevaban tres meses en el estudio y el disco prácticamente grabado pero no mezclado, sintieron la necesidad de salir a tocar para agradecer a los fans todo lo que estaban haciendo por ellos. De esta forma se organizó el Summer Tour'76, que consistía en tres conciertos de calentamiento y puesta a punto para la cita principal el 8 de septiembre en el Hyde Park de Londres, una actuación gratuita bajo el lema *A Very Big Thank You* que reunió a casi 150.000 personas, todo un baño de multitudes donde repasaron toda su carrera musical y estrenaron dos temas de su futuro disco, «Tie Your Mother Down» y «You Take My Break Away».

El disco *A Day At The Races* se editó en diciembre del 76, precedido del single «Somebody To Love» el 12 de noviembre anterior. El single entró directamente al nº 2 de las listas del Reino Unido, mientras que el álbum completo alcanzó el nº 1 en el Reino Unido, Japón y Holanda, al mismo tiempo que en Estados Unidos subió al nº5 del Billboard. La gira de *A Day At The Races*, tuvo dos tandas muy diferentes: una primera de finales de enero de 1977 hasta mediados de marzo, con un total de cuarenta actuaciones en Estados Unidos y Canadá; y una segunda tanda, con un total de diecinueve conciertos en el Reino Unido, Alemania, Suecia, Dinamarca y Holanda.

Brillando en la era punk (1977-1978)

Tras el éxito de «Somebody To Love» y álbum *A Day At The Races*, Freddie se sintió como si fuera un Dios, sus desmanes aumentaron al mismo tiempo que sus inseguridades. Cambió su automóvil Daimler por un Rolls-Royce con chófer incluido. Le comunicó a Mary Austin sus infidelidades argumentando que pensaba que era bisexual a lo que Mary contesto: «¿Bisexual? Tu eres gay». Al romper su relación de pareja se marchó a un apartamento en Holland Park, pero le compró otro apartamento a Mary junto al suyo, tan cerca que desde su ventana se podía ver el de Mary y viceversa. Como diría el fotógrafo Mick Rock, quien los conocía bastante bien: «La ironía más cruel de la vida de Freddie es que a pesar de ser gay, su mejor relación amorosa siempre fue con una mujer, Mary Austin».

El otro talón de Aquiles de Mercury seguía siendo la prensa, que en unos casos lo sometía a ataques gratuitos y desproporcionados; como el reportero Nick Kent, del *NME*, el mismo tipo que había dicho que el primer disco de Queen era «un cubo de orina rancia», también se despachó a gusto con *A Day At The Races*, definiéndolo como «canciones románticas, kitsch, adorando a un Valentino impotente. Odio este disco, me da asco.», en un ataque a Mercury disfrazado de crítica discográfica.

Lo que hiciera Queen afectaba de manera directa o indirecta a la industria musical. En diciembre de 1976, el hecho de que Freddie Mercury acudiera al dentista, dejó de ser un hecho privado e intrascendente para indirectamente hacer historia. Queen debían aparecer en el programa de la televisión británica *Today*, dirigido y presentado por Bill Grundy, pero Mercury no podía ir porque al parecer tenía la visita programada con el dentista, por lo que la producción del programa exigió a EMI que mandaran a un sustituto al considerar que no podrían reemplazarlos ellos mismos. EMI les mandó a Sex Pistols y al día siguiente la banda de punk era la más famosa del país, para lo bueno y para lo malo, después de haberle destrozado la hora del té a media Inglaterra a través de la televisión, en una entrevista donde lo más bonito que le dijeron a Bill Grungy fue «sucio cabrón» y «jodido bastardo».

Queen y Sex Pistols coincidieron en los Sarm West Studios de Wessex, Queen grabando *News Of The World* y Sex Pistols su debut *Never Mind The Bollocks... Here's The Sex Pistols*, dos bandas en las antípodas sonoras pero que tuvieron una relación estable, hasta un desagradable incidente entre Mercury y el bajista Sid Vicous.

Mercury había ofrecido una entrevista al periodista de *NME*, Tony Stewart, haciendo declaraciones en las que enfatizaba su afición al ballet, afirmando que algún día el rock y el ballet caminarían de la mano, argumento que la revista utilizó para atacar una vez más a Freddie con un titular en el que se leía: «Is This Man a Part? (Es este hombre un imbécil?)». Freddie estaba al borde de un ataque de irá leyendo el *NME*, cuando apareció Sid Vicous y le estampó con voz burlona «Freddie, ¿has conseguido vender el ballet a las masas?». Mercury lo agarró por el cuello y los arrastro fuera del estudio mientras le gritaba «Simon Ferocious» y cosas peores. Todo esto no era buena prensa para Mercury, más si tenemos en cuenta que en la misma entrevista había contestado a una pregunta insolente de Stewart con otra pregunta más insolente si cabe: «¿Tú qué narices sabes del negocio musical?». Una actitud que según los críticos no ayudaba a suavizar las relaciones entre él y la prensa, que para el resto de la banda era divertida e inevitable, «lo tomas o lo dejas –decía Taylor–, él nunca estará predispuesto a los deseos de la prensa», pero a la larga siempre traía consecuencias.

La era punk también afectó a Queen, no es que fueran a dejarse las crestas y tocar desafinados ahora, pero los tiempos volvían a cambiar y Queen siempre ha sido una banda que ha sabido adaptarse a los cambios y sin perder personalidad. De entrada para el nuevo disco rescataron el tema «Sheer Heart Attack» de Roger Taylor, que se quedó fuera del álbum del mismo nombre, a pesar de bautizarlo, porque consideraron que era demasiado duro para la época y dentro de aquel disco ya contaban con un tema duro, «Stone Cold Crazy», pero mucho más suavizado y comercial.

En 1977 no solo Sex Pistols cambiaron el mundo, Damned editaban su álbum debut, Talking Heads era otra banda que debutaba con el disco *77*, Ramones el maravilloso *Rocket To Rusia*, Television marcarían un antes y un después con su opera prima *Marqee Moon*, incluso Iggy Pop se lanzaba al vacío con *The Idiot*, su primer disco en solitario. La música estaba cambiando, el rock progresivo llegaba a su fin, las elucubraciones de bandas como Yes no pasaban de un discreto *Going For The One*, Genesis tras la marcha de Peter Gabriel cambió rotundamente de sonido y los mismísimos Led Zeppelin no estaban en su mejor forma con *Presence*. Queen sabían que no podían repetir un tercer álbum en la línea de los anteriores, que debían abandonar la magnitud y grandilocuencia de sus composiciones y bajar a las canciones más sencillas, directas, volverse más reales y menos divos.

News Of The World comenzaba con un punzante, sencillo y directo a la vena «We Will Rock You», tema que aportó Brian May y donde en escasos dos minutos se concentra toda la energía que una banda de rock puede transmitir, con tan solo un instrumento, la guitarra y una base repetitiva de palmas y golpes de pie, un himno generacional pensado para que el público lo cantara en los conciertos y que se convirtió en uno de los temas más emblemáticos de Queen.

La banda grabando con el ingeniero Mike Stone en los estudios Sarm West, The Manor and Wessex, Inglaterra, en 1976.

Mercury tan solo compuso tres temas en este disco, entre otras cosas porque no se sentía cómodo con los nuevos tiempos, algo que no le costaba reconocer: «Toda la era del punk fue una etapa difícil para nosotros, pero hacerle frente es lo que nos mantuvo unidos».

A pesar de ser el disco en el que menos participó, Mercury dejó otro diamante en bruto con el tema «We Are The Champions», un tema pedante que ni siquiera sus compañeros de banda querían grabar porque pensaban que les pondría a la prensa en contra. Se trataba según Freddie de «la canción más vanidosa y arrogante que he compuesto jamás». Con el paso del tiempo «We Are The Champions» se ha asimilado como un himno casi deportivo, que no falta en ninguna entrega de trofeos o acto triunfal que se precie, pero en realidad es una venganza camuflada de Mercury, es como escupirle a la cara a los críticos: «Queen, pero en especial yo, somos unos auténticos campeones, los mejores»; es un ejercicio de autocomplacencia y onanismo espectacular.

News Of The World provocó sensaciones agridulces en la banda, que por un lado veía cómo alcanzaba el nº 2 de la lista de ventas del Reino Unido, pero no vendió tanto como sus antecesores y provocó una ligera marcha atrás. Pero lo que más dolió, especialmente a Freddie Mercury, es que Sex Pistols alcanzaran el nº 1 y les eclipsaran en su propia casa (aunque no en Estados Unidos, donde el disco subió hasta el nº 4 del Billboard, y tuvo mejor acogida). Una época extraña que se refleja muy bien en el tour de presentación, cuya primera manga fue para recorrer Estados Unidos en un total de 26 conciertos entre noviembre y diciembre del 77, mientras que la segunda manga, entre los meses de abril y mayo del 78, se concentró para Europa con quince conciertos, cinco de ellos en Reino Unido.

La gira americana de Queen fue apoteósica, casi todas las entradas vendidas, la mayoría de los conciertos en grandes estadios deportivos, abriendo con un tema, «We Will Rock You», que los yanquis fueron los primeros en extrapolar al mundo del deporte y que apenas dejaban cantar al grupo. Queen se convirtió en una banda adorada por el público americano, tratada de forma maravillosa por la prensa mientras que en su casa era vilipendiada.

El único incidente grave de la gira y posiblemente de toda la carrera musical de John Deacon, fue sufrir un accidente automovilístico mientras conducía totalmente borracho, con las consecuentes lesiones (19 puntos de sutura en un brazo) y problemas legales que no llegaron a terrenos pantanosos.

Para finalizar esta controvertida etapa, Freddie siguió derrochando energía y dinero. En esta ocasión con Peter Straker, un actor y cantante que había protagonizado la versión teatral de *Hair* en 1968 y del que Freddie se quedó prendado. Quiso convertirle en una estrella del pop, así que llegó a un acuerdo con la compañía Goose Productions para editarle un disco, que produjo el propio Freddie junto al antiguo productor de Queen Roy Thomas Baker. El disco se editó durante 1978 y como en el caso de Eddie Howell, volvió a ser un rotundo fracaso, con una grandiosa inversión económica de Mercury.

Por su parte, el resto de la banda exigió romper la relación laboral con su manager John Reid, que ya estaba tensa desde hacía tiempo. Los motivos eran que Reid solo parecía encargarse de Freddie Mercury y abandonaba los asuntos del resto de la banda; para Reid solo existían Mercury y Elton John. Su amigo Jim Beach volvió a ser el encargado de disolver la sociedad con John Reid y pasó a ejercer de manager económico de Queen hasta la actualidad, mientras que así los miembros de la banda consiguieron manejar todos los hilos del negocio por sí mismos.

Huida hacia delante (1978-1980)

La separación laboral amistosa de John Reid y la incorporación de Jim Beach al cargo de director de finanzas, no pudo llegar en un momento más oportuno. En 1978, el gobierno laborista de James Callaghan generó una tasa impositiva muy elevada por los ingresos que no estuvieran directamente relacionados con el trabajo, y eso afectaba de pleno a los ingresos por royalties. Queen, por consejo de Jim Beach, decidió emigrar para no tener que desembolsar una cantidad enorme de dinero al fisco británico y la banda al completo se empadronaron en Montreux, Suiza.

El exilio fiscal se produjo en julio del 78 cuando Brian y su esposa Chrissie tuvieron a James, su primer hijo, como ciudadano británico.

Pero Queen no solo huía a Suiza por el fisco británico, también escapaba del tedio, de la monotonía y en busca de nuevos horizontes, alejando a Freddie Mercury de unos ambientes que le estaban pasando factura. Para su siguiente disco contaron de nuevo con Roy Thomas Baker y se encerraron en los Mountain Studios de Montreux, aunque la banda grabó en el salón del Gran Casino de Montreux, en un nivel diferente al del estudio por lo que tuvieron que crear un circuito interno de televisión y audio para poder comunicarse con Baker. Un año más tarde, y también por motivos fiscales, Queen decidió comprar los Mountain Studios, con lo que ganó mucha más independencia a la hora de grabar y componer.

Queen quería cambiar su sonido y *News Of The World* no había recompensado del todo el esfuerzo realizado. Habían salido clásicos importantes, pero en general era una pequeña marcha hacia atrás. No estaban interesados en el punk que parecía dominar irónicamente el mercado, pero sí que lo estaban en la recién nacida new wave, motivo por el cual llamaron de nuevo a Roy Thomas Baker, que acababa de producir para Elektra el álbum debut de la banda de un joven Ric Ocasek, The Cars, que alcanzó el nº 3 del Billboard siendo un auténtico bombazo, con canciones cortas, pegadizas, sencillas y que guardaban algo de esencia punk, pero con elegancia y calidad.

Las grabaciones del nuevo disco se terminaron en los estudios Super Bear, en Berre-les-Alpes, cerca de Niza, pero lo que debería haber sido una grabación placentera y sosegada llego a convertirse en una auténtico maratón de sesiones nocturnas para cubrir el plazo de entrega comprometido con la compañía de discos.

Musicalmente *Jazz*, que es como terminó denominándose, es un disco extraño, uno de los más variados de Queen, en el cual se permitieron hacer lo que querían, pero quizás no por capricho y sí por necesidad. Seguían huyendo y lo hacían siempre hacia delante, buscando un sonido que tardaría en llegar.

Jazz tiene momentos memorables como «Mustapha» que abre el disco con una letra inconexa, absurda y en varios idiomas, más chorradas sin

Cartel del Spring Tour de 1978.

sentido, «Fat Bottomed Girls» es un temazo impresionante de Brian, que sin embargo tuvo problemas porque la prensa lo tomó como despreciativo hacia las mujeres. Dave Marsh en la revista *Rolling Stone* dijo del tema de May que «trata a las mujeres no como objetos sexuales, simplemente como objetos», en definitiva parece ser que no le gustó el disco al completo, «se trata de algo más del mismo pastiche aburrido, con nociones elitistas».

Pero había dos momentos intensos en el disco, «Bicycle Race» y «Don't Stop Me Now». La primera una canción inspirada en el impacto que le produjo a Mercury ver el paso del Tour de Francia por Montreux, pero que transformó en una orgía de sentimientos de alegría bajo una oda al ciclismo como metáfora de las ganas de vivir y hacerlo con desenfreno.

«Don't Stop Me Now» es diferente y oscura. Ha sido utilizada en innumerables ocasiones como música para anuncios de televisión, pero el trasfondo del tema no es nada estimulante para promocionar nada. Se trata de un tema dedicado al desenfreno y al consumo de drogas, que refleja la época más dura y problemática de Mercury, quien ya menciona de pasada la cocaína en «Bicycle Race». Preguntado Brian May sobre el tema dejaba claro que él no se sentía cómodo, «es una excelente canción para fiestas, pero está relacionada con una época perjudicial para Freddie. Todos estábamos muy preocupados por él». Tras su separación de Mary Austin, su novia, Freddie había entrado en una espiral de sexo, alcohol y drogas, sobre todo vodka y cocaína. Desde el 77 la banda las consumía, pero Freddie en este periodo parecía que se le estaba escapando de las manos. Abandonó a su pareja, David Minns, sustituido por un bailarín llamado Dane Clark, al que un buen día contrató como asistente de vestuario de Mercury. Durante la posterior gira fue cuando los demás miembros de la banda tomaron conciencia de la homosexualidad de Freddie, «eran los chicos quienes acompañaban a Freddie a la habitación –decía Brian-, en lugar de las chicas», pero siempre lo respetaron, como aclaraba Taylor cada vez que salía el tema en una entrevista: «¡Nos importaba una mierda!».

Jazz estuvo rodeado de dos es-
cándalos monumentales. El single
escogido fue «Biclycle Race» y la
cara B «Fat Bottomed Girls», y para
la edición del single se organizó una
carrera ciclista con 75 chicas completamente desnudas, de las que se
extrajeron las fotos internas del disco. En la portada del single se podía
ver a una chica de espaldas montada
en la bicicleta, pero la compañía la
modificó pintando un ridículo bikini
rojo. También se grabó el videoclip
del tema, que tuvo varias versiones
censuradas, una de ellas muy ridícula
al desplegarse unos efectos sicodélicos
cada vez que aparecían las chicas en las
bicicletas. Cuentan que el dueño de la

Cartel del World Tour de 1979.

empresa que alquilo las 75 bicicletas exigió una indemnización a EMI para
cambiar todos los sillines de las máquinas, al enterarse del uso que habían
sufrido.

El single se editó el 13 de octubre y Queen comenzaron una gira americana
de 35 conciertos el 28 de octubre en Dallas, pero a los tres días tenían preparada una gran fiesta de Halloween para celebrar la salida del single y la próxima
edición del disco *Jazz* que finalmente se publicó el 10 de noviembre.

La fiesta fue después del show en el New Orleans Municipal Auditorium,
con todas las entradas agotadas, en el Fairmont Hotel, un complejo hote-
lero de alto standing donde se desarrolló la celebración más salvaje y des-
enfrenada de toda la historia de Queen. Se contrataron a todos los sujetos
extraños, pintorescos y estrafalarios de New Orleans, fue como un revival de
La Parada de los Monstruos de Tod Browning, donde la droga, el alcohol y el
sexo fueron los protagonistas. Según Robert Hilburn de *Los Angeles Times*,
la fiesta se realizó para presentar *Jazz* y modificar la imagen que se tenía de
la banda, muy distante y demasiado refinada, muy británica, algo que según
él fue «fácil de modificar. Había tantos *strippers* en el hotel que los clubs de
Bourbon Street debieron cerrar». Los rumores apuntan que había enanos
que se paseaban con bandejas llenas de cocaína en la cabeza y habitaciones
donde se podía practicar sexo con prostitutas contratadas, un sinfín de ru-

mores que Roger Taylor desmentía con una irónica respuesta: «Lamento que la mayoría de historias de esa noche fueran tan exageradas». Pero los números hablan de más de 400 personas en la fiesta y una cuenta de más de 200.000 dólares de gastos.

La huida hacia delante continuaba con un tour americano que los volvió a colocar en el Olimpo, a pesar de que *Jazz* fue según Mercury «una pequeña caída», aupándose al nº 2 en el Reino Unido y al 6 en el Billboard, «*Jazz* era histérico en todos los sentidos de la palabra, pero la prensa musical no logró entender la broma», escribió Alexis Petridis en *The Guardian*.

El giro radical del juego (1980-1983)

EMI le pedía a Queen la grabación de un directo, no era lógico que una banda hubiera editado siete discos de estudio en escasos seis años y no tuviera nada en registrado en vivo, mientras que el negocio de la piratería estaba haciendo su agosto a base de discos en directo no oficiales.

Por eso y para romper un poco la inercia de disco-gira-disco, la banda se propuso grabar los veintiocho conciertos de la gira europea que comenzó el 17 de enero del 79 en Hamburgo, pero que no pisó el Reino Unido.

En ese tour la banda debía presentar *Jazz*, pero se modificó el repertorio para que fuera una verdadera radiografía de todo su trabajo. La pena es que las cosas no se hicieron con mucho convencimiento y el resultado no agradó a nadie, ni a la propia banda. Terminada la gira los propios componentes de Queen mezclaron los temas en Mountain Studios y le pasaron el master a EMI al mismo tiempo que marchaban a Japón para comenzar el tour más extenso por tierras niponas, el 13 de abril.

Live Killers se editó el 22 de junio y recibió duras críticas por parte de la prensa, que lo despreció y criticó con mucha dureza, sin embargo para ser honrados y aún admitiendo muchos errores, es un gran documento sonoro sobre lo que era Queen en los 70. El primer error es la falta de créditos en el álbum, por lo que no se puede identificar de dónde provienen cada una de las canciones, tan solo se sabe que son de la gira europea. El segundo error es la mezcla, realizada por la banda por primera vez en sus propios estudios y que no da la talla, algo que se nota en el paupérrimo sonido que se sufre en la parte operística de «Bohemian Rhapsody». Sin acabar de agradar ni a los propios protagonistas, *Live Killers* alcanzó el nº 3 en el Reino Unido y el nº 16 en el Billboard, certificando doble disco de platino.

Roger Taylor, Freddie Mercury, Brian May y John Deacon con sus discos de oro en
Holanda, en 1982.

Terminada la gira japonesa de presentación de *Jazz*, Queen se trasladó a
Múnich para comenzar la grabación del nuevo disco en los estudios Musicland, con Reynold Mack a la producción, responsable de los últimos discos
de Led Zeppelin, The Rolling Stones, Electric Light Orchestra o Deep Purple entre muchos otros. Queen llegó a Múnich descargado de ideas, sin nada
preconcebido y lo más importante sin fecha de entrega. Se podría decir que
Queen habían viajado a Múnich para reinventarse, para terminar la búsqueda de un nuevo sonido y con total libertad para hacerlo.

Nada más llegar a Múnich a Freddie se le pasó por la cabeza unas notas de
guitarra, dicen que mientras estaba en el lavabo, así que pidió una guitarra a
Peter Hince, responsable del equipo que estaba con él y escribió el esbozo
del primer tema para el disco. La idea le pareció tan fascinante que obligó
a la banda a entrar en estudio en aquel momento, sobre todo porque Brian
May todavía no había llegado y no podría participar en la grabación. El
productor Mask recuerda que Freddie entró en el estudio y les dijo a todos:
«Rápido, vamos a grabar antes de que venga Brian», y así fue, grabaron un
esbozo de lo que más tarde sería «Crazy Little Thing Called Love», un rock
& roll sencillo y modesto, que se grabó solo en cuatro horas.

Múnich destapó otro tipo de tensión, la provocada por la necesidad de
rapidez de la banda chocando con el perfeccionismo de Brian. May siempre
retrasaba las grabaciones porque quería que todo sonara a la perfección y

El productor cinematográfico italiano Dino de Laurentiis, les contrató para que compusieran la banda sonora del film *Flash Gordon*.

más si se trataba de su guitarra. Brian era el blanco de las burlas del resto del grupo como explicaba Taylor, cuando les mostraba algún arreglo de guitarra, le decían: «Bueno, no es que hayas hecho mucho desde la última vez que nos vimos».

El tema en si no era del agrado de Brian May, que lo encontraba extremadamente simple, la antítesis de su forma de componer y el pensamiento que tenía para Queen, pero con el paso del tiempo llego a adorarlo.

El productor Reynold Mack comprendió enseguida lo que necesitaba Queen, más espontaneidad y menos encorsetamiento, más sencillez y menos grandilocuencia, todo ello definido en una frase que les repetía sin piedad: «Nunca toques dos notas si la primera funciona».

La implantación de la sencillez también trajo consigo el cambio de algunos planteamientos que habían sido radicales hasta la fecha. Queen se vanagloriaba de no usar sintetizadores y en todos sus discos anteriores hay una leyenda que dice: «En este disco no suenan sintetizadores», pero en esta ocasión aparece el Oberheim OB-X aportado por Roger Taylor y que terminó tocando el propio productor al inicio del álbum *The Game*.

En esta primera sesión en Múnich los meses de junio y julio del 79, se grabaron cuatro temas del disco: «Crazy Little Thing Called Love» de Mercury, «Save Me» y «Sail Away Sweet Sister» de May y por último «Coming Soon» de Taylor. La banda regreso a Londres para una serie de compromisos que pasaban por la presentación del tema «Crazy Little Thing Called Love» a EMI como single de adelanto del nuevo disco, la grabación del videoclip, la actuación de Mercury en una gala benéfica el 7 de octubre en el London Coliseum, donde canta «Bohemian Rhapsody» y el nuevo single, al mismo tiempo que baila con el Royal Ballet de Londres.

Para finalizar esta etapa de máxima actividad, el famoso productor cinematográfico italiano Dino de Laurentiis, les contrató para que compusieran la banda sonora del film *Flash Gordon*, responsabilidad en la que se volcó Brian May.

Queen no pisó el Reino Unido para presentar *Jazz* y mucho menos *Live Killers* que no tubo gira de presentación, así que era inevitable realizar una gira inmediatamente y organizaron el *Crazy Tour*, una gira de 19 conciertos con todo vendido donde además de los temas de *Jazz*, presentarían dos nuevos, «Save Me» y «Crazy Little Thing Called Love», que fue el primer single editado el 5 de octubre, entrando directamente al nº 2 de las listas del Reino Unido y al nº 1 del Billboard americano, permaneciendo en esa posición más de cuatro semanas y siendo el primer tema de Queen que alcanzaría la cima en los USA. La apoteósica gira del *Crazy Tour* finalizó con un concierto final añadido a última hora el 26 de diciembre en el Hammersmith Odeon de Londres, en la programación de Concert for Kampuchea, del cual ya hablamos en otro apartado de este libro.

Queen regresaron a los Musicland de Múnich para terminar el disco en febrero de 1980 y estuvieron hasta mayo de ese mismo año para terminar de grabar el álbum. Meses de idas y venidas a Londres donde al mismo tiempo estaban grabando la banda sonora de *Flash Gordon*, en tres estudios: Town House, Music Center y Advision Studios.

El mismo día que se iniciaba la gira americana de presentación del disco, se editó *The Game*, reducción sugerida por Roger Taylor del tema «Play The Game». Como siempre obtuvo una mala respuesta por parte de un sector de la prensa, siendo una de las más duras la publicada en la revista británica *Smash Hits* que los calificó como «una mazorca de maíz pasado», mientras que la prensa musical americana se deshacía en elogios: «Queen se mantiene muy por encima del montón de mierda sin talento que son las bandas de hard rock de éxito», argumentaba *Trouser Press*.

Para más inri, el cambio de imagen del grupo les aportó un tono más rockero al igual que humano, al ser la primera vez desde *Sheer Heart Attack* que aparecían en portada, enfundados en negro y con Freddie luciendo un look muy marcado de «clon», adoptado en los clubs gays americanos, cuero negro, pelo muy corto y bigote mexicano.

El cambio de imagen del grupo con *The Game* les aportó un tono más rockero.

The Game escondía otro diamante en bruto, «Another One Bites The Dust», un tema en clave de música disco de John Deacon que se convertiría en el segundo nº 1 en ocho meses en los Estados Unidos. Tras el fracaso comercial del segundo single con «Save Me» y «Play The Game», Queen estaba buscando un nuevo corte de éxito, pero no se atrevían con ese tema y los directivos de EMI pensaban que era muy arriesgado adentrarse en la música negra de baile. Fue Michael Jackson quien, a principios de julio, asistió a uno de sus conciertos en Los Angeles Forum y les convenció para que editaran «Another One Bites The Dust». Con un padrino así, EMI no se pudo negar y Queen aunque con reticencias de May y Taylor, consiguieron que el 22 de agosto se editara como tercer single de *The Game*,

Michael Jackson con Mercury en uno de los conciertos en Los Angeles Forum, en 1980.

llegando a lo más alto y siendo el single que más copias ha vendido Queen en Estados Unidos.

La gira americana no terminó muy bien debido a los excesos de Mercury y a un error repetitivo de Queen, no darse cuenta de que el público británico no era igual que el americano, algo que les pasaría una factura muy cara más adelante. Freddie se presentó más de media hora tarde al último concierto de la gira, el 30 de septiembre de 1980 en el Madison Square Garden de New York, además de que su estado reflejaba con mucha claridad los excesos de la noche anterior. No tenía la voz adecuada para cantar, pero consiguió estropearlo todavía más al sacar una botella de champán y rociar a las primeras filas mientras gritaba «sois unas zorras», algo que provocó abucheos, insultos y que un sector del público permaneciera impasible el resto del concierto.

El público americano no es el británico, ni el europeo, donde esa broma habría sido respondida con vítores, gritos o insultos provocadores en forma de réplica al espectáculo; los americanos no compartían esa forma de entender el show y muy pocos eran los que asimilaban ciertos comportamientos como parte del espectáculo, como tampoco entendían cuando Freddie les preguntaba si les gustaba su nuevo bigote y al recibir abucheos respondía con una sonrisa y un contundente «Idos a tomar por el culo». Una situación tan recurrente en la gira, que al final de la misma le lanzaban cuchillas de afeitar desechables.

El tour se cerró con récord de asistencia y con Queen vendiendo más discos que nunca. Regresaron a Inglaterra, donde les faltaba un mes para terminar de grabar y mezclar la banda sonora de *Flash Gordon* entre octubre y primeros de noviembre, y comenzaron la gira europea de *The Game*, con un set donde incluyeron dos temas de la película, «Flash» y «The Hero».

Flash Gordon se editó el 8 de diciembre de 1980 y el single «Flash» alcanzó el número 6 de las listas británicas, al mismo tiempo que se convirtió en un clásico de la banda.

Bailando en la discoteca (1983)

En 1981 Queen realizó su primera gira sudamericana, siendo la banda de rock que más vendía en todo el continente y la primera en girar por grandes estadios deportivos. De la gira sudamericana hablaremos más detenidamente en otro apartado de este libro, tan solo basta decir que Queen regresó a Inglaterra tras cinco conciertos en Argentina y dos en Brasil, con unos ingresos de 3,5 millones de dólares.

La primera manga de la gira por Latinoamérica fue bastante delicada de organizar, ya que todo desaconsejaba que viajaran a un continente que era un polvorín. Los miembros de Queen estaban constantemente acompañados por fuerzas militares, por miedo a atentados terroristas, pero la banda llevaba su propia seguridad durante la gira, con guardaespaldas personales. Los shows de Argentina y Brasil fueron un éxito de público y crítica para la banda, que la encumbraron más si cabe en el continente, pero también levantó roces entre los miembros del grupo, sobre todo por el hecho de que la banda aceptara una recepción con el dictador argentino teniente general Jorge Rafael Vileda, mientras que Taylor que se había declarado políticamente contrario a la dictadura Argentina no quiso asistir, con el consabido revuelo interno en el gobierno argentino, con muchos partidarios de prohibir los conciertos.

La segunda manga de la gira, celebrada entre septiembre y octubre por Venezuela y México, sí que fue problemática. La suspensión de varios conciertos debido al fallecimiento del ex-presidente de Venezuela Rómulo Betancourt, provocaron doce días de inactividad del grupo que fueron muy mal llevados por Freddie Mercury, quien apenas podía salir a la calle debido al

Freddie Mercury, trabajando en los estudios Mountain, en Montreux, Suiza, en 1982.

acoso de los fans. El internamiento casi obligado y la infidelidad de su compañero por aquel entonces, Peter Morgan, lo hundieron en una tremenda depresión que intentó sobrellevar con vodka, cocaína y despilfarrando dinero de forma descontrolada.

En México se encontraron con unos niveles de corrupción inimaginables, incluso José Rota, el promotor del tour, fue detenido con 11 personas del staff, sin que trascendiera el motivo de la detención, llegándose a especular con la posibilidad de un secuestro, por lo que la banda tuvo que pagar 25.000 dólares, siendo una gira que se saldó con pérdidas y un gran coste humano en cansancio y tensiones.

Tensiones que ya se habían desatado en las primeras sesiones de grabación del nuevo disco, de nuevo en los Musicland Studios de Múnich con Mack como productor, durante el verano anterior a la segunda gira sudamericana. Freddie y John tomaron las riendas del grupo alentados por el éxito de «Another One Bites The Dust», siendo «Cool Cat» la primera composición que aportaron, un tema que estaba tan alejado de Queen que May y Taylor no tocaron en él. Algunas de las sesiones se realizaron en los estudios Mountain de la banda, y cerca de Montreux vivía David Bowie, que fue invitado a cantar en ese tema, aunque más tarde prohibiera su inclusión en el mismo porque no le convencía su colaboración.

Bowie terminó siendo un invitado habitual de Freddie en el estudio, algo que desesperaba entre otros a Brian May, que vio como entre los dos componían un tema que se debía llamar «People On Streets» pero que terminó siendo «Under Pressure». Las mezclas de la canción fueron tan tensas que Brian May abandonó los estudios y no quiso participar en ellas. Las sesiones se retomaron en Múnich y con el regreso a la ciudad alemana, volvieron los fantasmas del pasado. Freddie se zambullía en los ambientes gay de la ciudad y se abandonaba al alcohol y las drogas, al mismo tiempo que se empapaba de la música disco que inundaba sus noches lisérgicas. Deacon se apoderaba cada día más del estudio y llevaba al grupo directo a la música negra americana más comercial, mientras que Taylor y May se refugiaban en el Sugar Shack, pub nocturno al que se hace referencia en el tema «Dragon Attack» de *The Game*, en donde podían tocar y emborracharse hasta perder la conciencia de los problemas.

El regreso de la segunda gira latinoamericana no mejoró las relaciones en el seno de la banda, más si cabe por un John Deacon que volvió muy cabreado porque la gira por Sudamérica había tenido según Peter Hince, miembro del equipo, unas «perdidas fenomenales de números de siete cifras». John en aquella época estiró demasiado la cuerda y estuvo a punto de romperla, siendo la fase más problemática de Queen según relataba Peter Hince, quien asegura que fue Freddie quien consiguió mantener a la banda unida, a pesar de que Deacon provocó la catástrofe al gritarle a Brian May que no le gustaba nada cómo tocaba la guitarra en sus canciones, lo que causó la marcha del estudio y casi definitivamente de la banda.

Afortunadamente las aguas se calmaron por hechos económicos, «Under Pressure» había alcanzado lo más alto de las listas en el Reino Unido, Holanda y Argentina y se estaba convirtiendo en un rotundo éxito en medio planeta, con la consiguiente recuperación económica a base de royalties, pero además EMI lanzó *Greatest Hits*, un recopilatorio de 17 éxitos de la banda que vendió más de 25 millones de copias en todo el mundo, siendo uno de los discos más vendidos de la historia del Reino Unido y colocando a los miembros de Queen en el ranking de los ejecutivos mejor pagados según el *Libro Guinness de los Récords* de 1982.

Hot Space se terminó en medio de un golpe de estado musical en Queen, encabezado por Freddie Mercury y dirigido por John Deacon. El segundo single fue «Body Language», todo un himno gay como reconocería Brian

May en el 2014, «Creo que *Hot Space* fue un error. En el momento de hacerlo, la palabra *disco* era desagradable, al menos para Queen».

Ni siquiera ahora, veinticinco años después de su edición, su escucha refleja el espíritu de Queen y más parece el primer disco en solitario de Freddie o Deacon. *Hot Space* cambió hasta el concepto de portada, pareciendo más una obra de Andy Warhol.

Hot Space se editó el 21 de mayo de 1982, cuando Queen llevaba casi un mes embarcado en la gira europea de presentación (treinta conciertos) de un disco del cual solo tocaban tres temas. Acto seguido Queen comenzó el tour mundial que lo llevó durante treinta conciertos por Estados Unidos y Canadá y seis shows en Japón. Queen seguía siendo una poderosa banda de rock en directo, llenando estadios y vendiendo millones de discos, aunque *Hot Space* solo alcanzó ser disco de oro y tanto banda, fans y prensa lo consideran un fracaso absoluto. El grupo sin embargo achacó la falta de éxito en Estados Unidos al desgaste de Elektra y abandonó la compañía que lo encumbró en los USA para firmar también por EMI en Estados Unidos, Australia y Japón.

Queen no se había dado cuenta de que había traspasado la línea límite en los USA, que nada volvería a ser igual y que en esta gira de 1982 sería la última vez que Freddie Mercury pisaría escenarios americanos.

Resurreccion y caída (1984)

La mala aceptación de *Hot Space*, el desgaste de las continuas giras y unas relaciones personales que estaban al borde de provocar la ruptura como banda, aconsejaron tomarse un descanso unos de otros. De esta forma se separaron durante una buena temporada para trabajar de forma individual. Freddie Mercury se quedó en Múnich para trabajar en su primer álbum, *Mr. Bad Guy*; Brian May descansó en Los Angeles para arrancar el proyecto *Star Fleet Frontier*; Roger Taylor se encerró en los estudios de la banda en Montreux para grabar su segundo disco en solitario, *Strange Frontier*, mientras que John Deacon se sometió a un exilio hogareño en Inglaterra. De todos estos discos daremos buena cuenta en el apartado de la discografía en solitario de los miembros de Queen.

Tras dieciocho meses sin apenas verse las caras, el manager Jim Beach les convence para grabar un tema de cara a incluirlo en el film *El Hotel New Hampshire*, que él estaba produciendo. La banda se encierra unos días en los estudios de EMI en Londres y graba «Keep Passing The Open Windows» una balada a medio tiempo que no destacará en su discografía pero que retoma el sonido de Queen. Desgraciadamente, la productora Orion Films se negó a incluirla en la película, lo que provocó una bronca descomunal entre Mercury y Beach, que los mantuvo tres meses sin dirigirse la palabra.

El tema incitó que la banda encontrara las ganas de grabar juntos de nuevo. En una entrevista en la radio Deacon reconocía que: «*Hot Space* nos decepcionó a todos, así que con *The Works* decidimos volver a las cosas que la gente relaciona con Queen». Todo parecía que volvía a su cauce normal, más cuando Taylor soltó una de sus perlas en otro programa de radio: «¡Vamos a enseñarles lo que es bueno!».

La banda con Mack de productor, entró en los estudios Record Plant de Los Angeles en agosto de 1983, con la misma metodología de antaño; cada miembro de la banda trabajaba los temas por separado y cuando los tenía definidos se los presentaba al resto del grupo, que terminaba de pulirlos y grabarlos.

En septiembre de ese mismo año regresaron a los Musicland de Múnich, donde la banda se despedazó de nuevo en la distancia: «Cada uno de ellos tenía distinto horario de grabación para no tener que encontrarse» aseguraba el productor, mientras que Peter Hince, hombre fuerte del equipo, era el encargado de anunciar al resto de la banda que Deacon había decidido irse al Pacífico durante unos días a descansar. Lo que podría ser el final de cualquier banda, parecía que era necesario en el caso de Queen, porque *The Works* fue como una resurrección del grupo, como una segunda juventud.

El primer single que se lanzó fue «Radio Ga Ga», un tema de Taylor que trajo compuesto con una caja de ritmos y un sintetizador, una canción homenaje a la radio en un momento en el que el nuevo canal de videoclips *MTV* estaba desplazando su importancia vital en la música. El título original era «Radio Ca Ca», extraído de unas palabras que pronunció su hijo medio en francés, pero que EMI obligó a rectificar porque significaba «Radio Caca (excremento)» en varios idiomas.

«Radio Ga Ga» se lanzó como primer sencillo el 23 de enero de 1984 y rápidamente alcanzó el puesto nº 2 en el Reino Unido, aunque no pasó del 16 del Billboard americano. «Radio Ga Ga» fue un éxito tremendo en medio planeta, apoyado por el videoclip de presentación del tema, un trabajo de cien mil libras del director David Mallet, quien mezcló imágenes en blanco y negro de la banda viajando en un coche volador a través el celuloide de *Metrópolis* de Fritz Lang. Un vídeo que no escapó de la polémica al incluir una parte en la que los miembros del grupo agitaban una masa de ciento

La publicación de *The Works* en 1983 supuso una resurrección para el grupo, como una segunda juventud.

cincuenta fans en lo que parte de la prensa calificó de «espectáculo pseudo fascista» recordando los discursos de Hitler en la Alemania nazi.

The Works se editó el 27 de febrero de 1984 y se convirtió en el álbum de Queen que más tiempo estuvo en las listas del Reino Unido, manteniéndose en ellas 93 semanas consecutivas y alcanzando el número 2. Lo mismo ocurrió en Latinoamérica, gracias al éxito de temas como «Radio Ga Ga», «It's a Hard Life» y «I Want to Break Free», mientras que en Estados Unidos sucumbía en un modesto puesto veintitrés y desapareció rápidamente de ellas.

Peor fue la reacción del siguiente single, «I Want To Break Free» y el videoclip que presentó la banda. Se trataba de una parodia de una serie de éxito en la televisión británica llamada *Coronation Street*, donde todos los componentes de Queen decidieron vestirse de mujeres para interpretar sus papeles. En el Reino Unido y en medio mundo se entendió el humor de Queen y fue un éxito total, emitido por todas las televisiones, pero en Estados Unidos se les tildó de homosexuales, travestidos y lo que fue devastador, de ser una mala influencia para la juventud americana. Se pidió a la banda que rodara otro videoclip para el mercado norteamericano, pero el grupo se

Roger y Freddie en los famosos estudios Musicland de Múnich, en 1985.

negó asumiendo las consecuencias de su negativa. El videoclip fue prohibido en la mayoría de las cadenas televisivas, el single dejó de radiarse en las estaciones de radio y Queen paso de un día para otro, a ser un grupo proscrito que no era rentable contratar.

Ese año, y para terminarlo de rematar, Queen realizó un tour europeo y se embarcaron en una serie de conciertos en Sun City, Sudáfrica, mientras estaba en vigencia el Apartheid. Las consecuencias (que se explican en otro apartado del libro) fueron desproporcionadas y devastadoras. Sancionados por el sindicato de músicos británico, por el sindicato de músicos norteamericano, incluidos en la lista negra de la ONU y maltratados por la prensa británica y norteamericana como en ninguna otra ocasión se ha maltratado a una banda de rock.

De poco sirvió el éxito de sus actuaciones en Rock In Rio en enero de 1985 (apartado de Conciertos memorables), en el mayor concierto de la historia de la música rock hasta la fecha. Queen era un grupo de éxito mundial, que demostró en el escenario de Rock In Rio durante dos shows, que eran las estrellas que más brillaban, pero una serie de errores cometidos a lo largo de su carrera, los tenían contra las cuerdas y todo parecía indicar que estaban heridos, muy graves, heridos de muerte.

La mejor actuacion de la historia

El año 1985 terminaba para Queen en Japón; tras las dos antológicas actuaciones de Rock In Rio, realizaron la segunda manga del tour de *The Works* por Australia y el país nipón. Seguían siendo la banda más grande sobre el escenario, vendían millones de discos, pero habían perdido el mercado norteamericano y seguían pagando las consecuencias de haber realizado las actuaciones en Sun City.

Para las navidades de 1984 habían lanzado un single navideño titulado «Thank God It's Chrismas» que no funcionó como esperaban, debido en cierta forma a la iniciativa de Bob Geldof, vocalista de Boomtown Rats, y Midge Ure de Ultravox, de formar una superbanda llamada Band Aid, con Sting, Phil Collins, Boy George, Duran Duran o Spandau Ballet entre otros. La Band Aid grabó el tema «Do They Know It's Christmas?», single benéfico para recaudar fondos con los que paliar la gran hambruna que padecía Etiopía, alcanzando el número 1 de las listas y borrando del mapa cualquier otro tema navideño.

Bob Geldof prosiguió con su etapa filantrópica y se propuso organizar un gran evento de música en vivo para recaudar más fondos con el mismo fin. En primavera de 1985 anunció a bombo y platillo el evento Live Aid, que se celebraría en el Wembley Stadium de Londres en julio de ese mismo año.

Bob Geldof quería contar con Queen, pero la banda se negó en un principio argumentando que para esas fechas estarían finalizando la gira de *The Works* y necesitarían un descanso. Fuera como fuese, Geldof convenció a Brian May y el guitarrista hizo lo mismo con el resto de la banda, no sin acaloradas discusiones internas.

Una vez que Queen se comprometió, planearon hacer una actuación especial, no la típica presentación de nuevo disco, que inundó el escenario del Live Aid. La banda alquiló el Shaw Theatre para preparar perfectamente su actuación; tenían que planificar tan solo veinte minutos, sabían que les controlaban con semáforos a pie de escenario y que incluso amenazaban con cortar la señal si se pasaban del tiempo acordado. Queen además actuaba sin su espectáculo, sin su pirotecnia y sobre todo con luz de día.

Cuando Queen aceptó participar en el Live Aid, no era consciente de la magnitud que alcanzaría el evento. Además del concierto de Wembley, se celebraba otro en paralelo en el JFK Stadium de Filadelfia, en el que actuaban entre otros muchos Bob Dylan, Mick Jagger, The Beach Boys y la esperadísima reunión de Led Zeppelin, mientras que en Londres actuaban bandas como Status Quo, Sting, Phil Collins, U2, Adam Ant, George Mi-chael, Dire Straits, Elton John, The Who, David Bowie o Eric Clapton. Todo el evento era retransmitido por televisión a todo el planeta, generando una audiencia de casi tres millones de personas.

Tal y como dijo Mercury: «Todo el mundo tratará de superar a los de-más, lo que causará algunos roces». A las 18:44 horas, salió a escena Queen para ofrecer la actuación más memorable de su historia; Freddie se sentó en el piano y comenzó a tocar las primeras notas de «Bohemian Rhapso-dy» y Wembley se vino abajo. El público del Live Aid no venía a verles a ellos, pero su reacción fue extraordinaria. Cuando llegó la parte operística del tema se sustituyó por un fragmento de «Radio Ga Ga» (estaba prohibi-da cualquier tipo de reproducción no hecha en vivo) y medio Wembley se puso a levantar las manos y bailar como en el videoclip del tema. A partir de ese momento Queen se había hecho con el Live Aid y «Hammer To Fall» reventó los tímpanos con un volumen inusual a lo que se había escucha-do anteriormente, debido a que el ingeniero de sonido de la banda había desbloqueado los limitadores de sonido de la mesa. La imagen de Freddie agarrando al cámara de la BBC y cantando al objetivo sería vista por más de dos millones de personas en todo el mundo, que contemplaron cómo con las primeras notas de «Crazy Little Thing Called Love» el público no tocaba el suelo y cantaba hasta los acordes de guitarra.

¿Cómo escoger un repertorio de veinte minutos entre todos los clásicos de Queen? ¿Cómo acertar? ¿Cómo conseguir que el público no piense que otro tema sería mejor? No conozco la respuesta, pero el set de Queen en Wembley fue perfecto y por si quedaba alguna duda, acabaron con dos him-nos que ya no les pertenecían, eran de su público: «We Will Rock You» (re-cuerdo que no podía apenas respirar viendo su actuación por televisión) y el majestuoso, poderoso e hipnótico «We Are The Champions». ¡Ya está! ¡Se acabó! Queen borraron de un plumazo toda la mierda que tenían sobre ellos; daba igual si a la prensa siempre les habían caído mal y viceversa, daba igual que hubieran tocado en Sudáfrica o en Argentina con una dictadura vigente, a nadie le importaba que ofrecieran imagen de homosexuales, travestidos o lo que fuera en un videoclip; quién podía juzgar y por qué, a la mejor banda de rock del planeta; quién podría no rendirse a la mejor actuación de todos los tiempos.

Las noventa y nueve mil personas que abarrotaron el 13 de julio de 1985 el estadio de Wembley, asistieron al concierto del mejor Queen de todos los tiempos, en una jornada mágica e irrepetible.

El 13 de julio de 1985, las noventa y nueve mil personas que abarrotaron el estadio de Wembley, asistieron al concierto del mejor Queen de todos los tiempos, en una jornada mágica e irrepetible.

Nada más terminar el concierto, Elton John entró en el camerino de Queen gritando como un poseso: «¡Cabrones! ¡Lo habéis destrozado todo! ¡Os lo habéis llevado todo por delante! ¡Habéis robado el espectáculo!». Bob Geldof dijo ese mismo día: «Queen ha sido el mejor grupo del Live Aid. Freddie ha chuleado a todo el mundo». David Grohl de Foo Fighters afirmó: «El Live Aid fue enorme. Queen eclipsó a todos los demás grupos. Quedó claro que era el mejor grupo que uno podía ver en toda su vida, fue increíble. Ese concierto hizo de Queen uno de los grupos de rock más grandes de todos los tiempos». Para redondear la osadía y victoria de la banda, a las 21:45 de la noche aparecieron Freddie Mercury y Brian May, en uno de los momentos más entrañables del espectáculo y antesala del cierre del mismo, para interpretar «Is This The World We Created?».

En el año 2005, la cadena televisiva Channel 4 realizó una encuesta en la que se escogió el concierto de Queen en el Live Aid como la mejor actuación de todos los tiempos, con un 79% de los votos obtenidos.

La gira mas grande jamás contada (1986)

Tras el Live Aid, los miembros de Queen plantearon seis meses de descanso, pero al final se trato solo de seis semanas; en septiembre de 1985 entraban de nuevo en Musicland de Múnich grabando el primer single, «One Vision», de su nuevo álbum en estudio, una canción que parece reflejar el espíritu del Live Aid, pero que está inspirada en el famoso discurso *I Have a Dream*, pronunciado por el luchador de los derechos civiles, Martin Luther King, el 28 de agosto de 1963 desde las escalinatas del Monumento a Lincoln durante la Marcha en Washington por el trabajo y la libertad del pueblo afroamericano.

«One Vision» se editó el 4 de noviembre de 1985 y alcanzó directamente el puesto n° 7 en el Reino Unido, siendo un hit single en media Europa y Australia, pero sin gran repercusión en los USA.

El director cinematográfico australiano Russell Mulcahy les propone participar en la banda sonora de su nueva película, una cinta de ciencia-ficción llamada *Highlander* (*Los Inmortales*) y protagonizada por Sean Connery y Christopher Lambert.

La banda acepta el reto y se divide en dos grupos de trabajo: Freddie y Deacon se encierran en Múnich con Mack, mientras que May y Taylor en los Mountain Studios de Montreux, junto con David Richards. Al poco tiempo de estar trabajando deciden que su nuevo álbum no sería una banda sonora, que se trataría de un trabajo completo de Queen donde incluirían algunos temas de la película. Así nació *A Kind Of Magic*, el último disco que contaría con una gira de presentación de Queen.

El disco terminó de grabarse en abril de 1986 y se editó el 2 de junio, una semana antes de que la banda se embarcara en la que iba a ser la última gira de conciertos.

La gira de *A Kind Of Magic* se planteó como la continuación del Live Aid, la banda debería arrasar por donde pasara, no bastaba con convencer o gustar, tenían que triunfar al más alto nivel, siguiendo una máxima de Freddie: «Cuanto más grande, mejor, ¡en todo!, querido».

Se construyó un escenario para la gira de 50 metros de ancho, plataformas y rampas laterales, inflables entre el público y una pirotecnia devastadora para el final de cada show. Todo lo relacionado con la gira fue grandioso, incluso Mercury parecía que se encontraba en otra etapa de su vida, movida posiblemente por la estabilidad que le daba su

Cartel de la gira *A Kind Of Magic*, de 1986.

relación con Jim Hutton o por lo que parecía un miedo atroz a envejecer y deteriorarse.

Freddie mando diseñar a su amiga Diana Moseley, una capa de seda, terciopelo y armiño, más una corona con joyas incrustadas, basada en el vestuario de la coronación de Napoleón en 1804. Vestuario que estrenó en el cuarto concierto de la gira, el 14 de junio en el Hipódromo de París y que utilizó para cerrar todos los demás conciertos de la gira, convirtiéndose en una de las imágenes icónicas del rock de los 80.

También fue grandiosa la respuesta del público; la banda podría haber ofrecido varias actuaciones en la mayor parte de las ciudades por donde pasó, por ejemplo las dos noches de Wembley podrían haberse multiplicado porque vendió las 150.000 entradas en escasos dos días.

Todo iba sobre ruedas, con la maquinaria Queen rodando en las mejores circunstancias, incluso Freddie, que seguía consumiendo alcohol y drogas, bajó la velocidad de su tren de vida. Roger Taylor recuerda que durante la gira de *A Kind Of Magic*, la banda se aficionó a jugar al Scrabble y «a Freddie y a mi nos apasionaba el *Scrabble*. Jugábamos todos largas partidas, pero hasta en eso Freddie debía de ser el mejor y las partidas adquirieron una seriedad que hizo que el resto de la banda abandonara». Una de las palabras más utilizadas por Mercury en esas partidas fue «innuendo», que finalmente sería el nombre del último disco editado con Freddie vivo.

Desgraciadamente, la gira destapó que Freddie no estaba bien de salud, su voz se resintió y algunos conciertos se suspendieron y otros como los de España se reubicaron con otra fecha y escenario. Peter Hince, jefe del equipo técnico, recuerda que Mercury terminaba sus conciertos diciendo al entrar en *backstage*: «Oh joder! No puedo seguir haciendo esto durante mucho tiempo. Me duele el cuerpo entero», mientras que Brian cuenta que al finalizar el concierto de Barcelona, una semana antes del final de gira, Freddie les dijo: «No voy a seguir haciendo esto para siempre. Quizás esta sea la última vez». La banda en aquella época estaba bastante preocupada por la salud de Mercury, aunque no decían nada porque él se negaba a hablar del tema. Algunos tabloides como el *Daily Mirror* comenzaron a especular con su salud con titulares como «Flabulous Freddie!», un juego de palabras que venía a decir algo así como »Fabuloso Michelin Freddie».

El 9 de agosto de 1986 Queen ofrecieron su última actuación con Freddie Mercury en el Knebworth Park, en un concierto que por muchos motivos se puede catalogar como histórico y del cual hablaremos en otro apartado de este libro.

Castigados al estudio (1987-1991)

Tras el concierto de Knebworth Park, Freddie comunicó al resto de la banda que quería descansar y no podía seguir con la rutina de disco-gira que llevaban arrastrando desde el 73, por lo que la banda decidió tomarse un año sabático en el que cada cual se dedicaría a proseguir proyectos paralelos.

Freddie grabó con Mike Moran, músico, productor y gran amigo, el tema de Platters «The Great Pretender». Se lanzó como sencillo en febrero de 1987 y alcanzó el nº 4 en el Reino Unido. La salud de Freddie le impidió plantearse hacer giras o conciertos de presentación, por lo que se volcó en el otro gran proyecto profesional de su carrera, *Barcelona*, el disco junto a Montserrat Caballé, también con Moran como productor y compositor.

Freddie Mercury y Montserrat Caballé presentaron *Barcelona* en dos ocasiones, en el Ibiza Festival y en la Fuente de Montjuïc de Barcelona, para recibir la bandera olímpica de la ciudad, que organizaría los Juegos Olímpicos de 1992. Las dos actuaciones fueron en *playback* debido a la complejidad de

Imagen del videoclip promocional de *The Great Pretender*, de 1987.

interpretar el tema en directo sin apenas haber realizado ensayos, pero las explicaciones que se dieron no frenaron a la prensa sensacionalista británica que había comenzado una campaña de acoso y derribo sobre Freddie Mercury, encabezada por *News Of The World* que informó que Mercury se había sometido a la prueba del sida en una clínica de Harley Street, una vez concluida la gira de *A Kind Of Magic*, noticia que desmintió el propio Mercury.

Lo cierto es que en el *backstage* de la actuación de Barcelona, Freddie se había descubierto una mancha en su mejilla, que tapó cuidadosamente con maquillaje, pero que identificó con diagnósticos de Sarcoma de Kaposi que había visto en amigos suyos y que era una de las consecuencias más comunes de VIH (Virus de Inmunodeficiencia Humana).

Desde que inició la relación con Jim Hutton en 1984, Freddie había cambiado de estilo de vida e intentado alejarse de los clubs y pubs gays que solía frecuentar, permanecer fiel a su pareja. Sin embargo, en noviembre de 1986, falleció de sida un antiguo amante de Mercury, Tony Bastin, quien le inspiró para el tema «Play The Game»; por miedo o solo precaución, en primavera de 1987 Freddie se sometió a la prueba del sida con un diagnóstico de seropositivo, lo que significaba que era portador del virus pero no había desarrollado la enfermedad todavía.

Freddie tomó la decisión de comunicárselo a las personas que vivían con él en Garden Lodge, Jim Hutton, Peter Freestone y Joe Fanelli, al mismo tiempo que se lo comunicó a Jim Beach bajo la prohibición de hacerlo público y sobre todo que no lo supiera el resto de la banda. Una decisión que quizás sea complicada de entender en estos días, pero que era realista y valiente en 1987. El sida era una enfermedad que se consideraba un castigo divino y que solo afectaba a colectivos marginados, en especial el colectivo gay. Publicarlo o hacer partícipe a Queen sería como estigmatizar a la banda y provocar una serie de prejuicios que no se merecían y Freddie no estaba dispuesto a que los padecieran.

Desgraciadamente, el tabloide sensacionalista *The Sun* llegó a un acuerdo económico con el ex-asistente personal de Mercury, Paul Prenter, por el cual se debían publicar una serie de entrevistas donde Prenter hablaba de los desfases sexuales de Mercury, su relación con las drogas, su condición de gay y la posible certeza de padecer sida.

Por su parte, Brian también estaba siendo objeto de una persecución amarillenta por parte de la prensa británica por su reciente relación con la actriz Anita Dobson, famosa por el culebrón británico *EastEnders*, situación que sumada a la padecida por Mercury dio paso al tema «Scandal», que se grabó en el siguiente disco de Queen.

En enero de 1988 dan por acabado el descanso y Queen regresa a los estudios, a medio camino entre Londres y Montreux, comenzando las sesiones de grabación del álbum *The Miracle* con David Richards como coproductor de la banda, pero con cambios significativos en la metodología de trabajo.

Por primera vez la banda trabajó conjuntamente, aportando cada uno sus ideas pero sin trabajarlas por separado. «Tomamos la decisión que deberíamos haber tomado hace quince años» decía Brian May.

The Miracle suponía una vuelta sin tapujos al rock, al sonido más fuerte de Queen pero entrelazado con una visión más realista de Freddie y Deacon de los que siempre debió ser la banda. Se trata de un disco extraordinario que si hubiera podido salir de gira habría destrozado todos los récords obtenidos por anteriores trabajos.

The Miracle se lanzó el 22 de mayo de 1989 y automáticamente alcanzó el nº 1 en el Reino Unido y el nº 24 en Estados Unidos. La revista *Rolling Stone* escribió entusiasmada: «Un bromista dijo que *The Miracle* es una vuelta al hard rock... ¡cortadle la cabeza!». La falta de directos obligó a la banda a aceptar las entrevistas que antaño rechazaban, siendo un periodo muy duro; en la BBC Freddie se excusó porque aunque la banda quería salir de gira, él estaba cansado; en Alemania un periodista le pregunto a Roger si Freddie tenía sida y el batería le esputó en la cara «Eso es un rumor estúpido»; todas las entrevistas con la banda terminaban con las mismas preguntas y mismas respuestas. «Sabíamos que estaba enfermo. Pero teníamos la esperanza de que se tratara de otra cosa», declaró años más tarde Roger Taylor.

Cuando *The Miracle* acababa de llegar a las tiendas, Freddie les dijo a sus compañeros que quería entrar de nuevo en el estudio, a lo que accedieron aunque muy sorprendidos. «Al final el estudio era su mejor válvula de escape» decía May.

En marzo del 89 entraron de nuevo en estudio para trabajar intensamente durante tres semanas, y parar otras dos debido al cansancio de Freddie, quien había comprado un apartamento en el lago Lemán, cerca del estudio de grabación.

Cuando retomaron las sesiones de grabación de *Innuendo*, que sería el nombre del nuevo disco, Freddie reunió a la banda para comunicarles la enfermedad que padecía; «Hoy hablaré de esto solo una vez. Voy a deciros lo que ocurre y no quiero hablar de ello nunca más –recuerda Brian–. Quiero que sigamos trabajando y cuando esté muy enfermo solo os pido

Mercury se volcó en el gran proyecto profesional de su carrera, *Barcelona*, el disco junto a Montserrat Caballé.

En 1990, la imagen de Freddie denotaba
claramente los estragos de la enfermedad.

que vengáis a visitarme». El estado físico de Freddie estaba muy deteriorado, había perdido mucho peso y además sufría dos lesiones sumamente dolorosas en una pierna y un pie que le iban a dificultar caminar en un futuro muy cercano. Mercury obligó a mantener oculta la situación de su enfermedad y sus compañeros cumplieron a rajatabla sus deseos. «Mentíamos constantemente para proteger su intimidad», admitió Taylor. «Él sabía que iba a morir, por lo que, ¿para qué perder el tiempo en explicaciones y arrepentimientos?».

La banda se unió como nunca antes lo estuvo y arroparon a Mercury en todo momento, a pesar de la tragedia que rodea la grabación de *Innuendo*. Brian y Taylor recuerdan aquellos días como sesiones cargadas de alegría y buen humor, incluso cuando Roger compuso «These Are The Days Of Our Lives» o Brian aportó «The Show Must Go On». Cuando llegó el momento de grabar esta última canción, Freddie a duras penas se tenía de pie y Brian propuso no grabarla jamás: «Le dije, Fred, no sé si deberías cantar esto» comentó Brian a *Rolling Stone*. «Él me miró y dijo: Joder, lo haré querido, lo haré». Dio un gran trago de vodka, entró y lo remató maravillosamente.

Freddie no hablaba de la enfermedad, los compañeros la negaban con las excusas más diversas, pero los videoclips no engañaban a nadie. Si en *The Miracle* ya se veía a un Mercury demacrado, los vídeos de *Innuendo* eran y son terribles de ver, siendo el propio Mercury quien insistió en grabarlos. Para la grabación de «I'm Going Slightly Mad» se tuvo que instalar en el estudio un set hospitalario para que Freddie se recuperara entre tomas, se le vistió con varias capas de ropa para disimular su extrema delgadez y se le maquillaba cada vez que se paraba el rodaje. En la grabación de «These Are The Days Of Our Lives», Freddie no quiso esconder su estado como en el anterior vídeo, como si supiera que iba a ser el último, el trabajo fue extraordinariamente duro para Mercury y el resto de la banda, hasta el punto de Peter Freestone, asistente e íntimo amigo de Freddie, escribió en 1998: «Al ver el resultado final, a veces creo que no se debería haber hecho. Uno puede ver lo frágil y enfermo que se encontraba».

Paralelamente, Jim Beach, siguiendo las instrucciones del grupo, negoció con Capitol Records la compra de todo el catálogo de Queen, que pasó a ser propiedad de la banda y firmó un contrato con Hollywood Records por un valor de diez millones de dólares para volver a reeditar todos los discos en formato CD. En un principio, Peter Paterno, presidente de Hollywood Records no aceptó la oferta de Beach, pero la discográfica era en parte propiedad de Walt Disney Company y Michael Eisner, director ejecutivo de Disney le aconsejó firmar el contrato al enterarse del rumor que Mercury padecía sida: «Si muere», dijo Eisner, «su muerte venderá muchísimos más discos». Hollywood Records recuperó en menos de tres años su inversión, tras la muerte de Mercury.

La historia volvió a repetirse, Freddie volvió a pedir a la banda entrar en estudio en enero del 91, un mes antes de que *Innuendo* se publicara, la premisa era sencilla y clara: Seguiría grabando mientras pudiera y sus compañeros terminarían las canciones una vez que él no estuviera con ellos. Roger Taylor recuerda que al pedírselo Mercury les dijo: «Mirad, puedo dejar este mundo en cualquier momento».

El 22 de mayo de 1991, Freddie Mercury grabó por última vez, se trataba del tema «Mother Love». «La media octava del tema alcanza una altura grandiosa» decía Brian sobre el tema, «y se trata de un hombre que no se tenía de pie, al que solo le quedaban los huesos, y todavía puedes sentir su fuerza de voluntad». Brian declaró en una entrevista a la revista *Q*, que cuando Mercury terminó de grabar «Mother Love», hizo gala de su tremendo humor negro y le dijo: «Oh, Brian querido, no puedo seguir. Me muero aquí mismo» y se puso a reír.

El nacimiento de una leyenda (1991-1996)

La prensa británica especuló más si cabe con la enfermedad de Freddie y como carroñeros que eran, fotógrafos y periodistas acamparon en los alrededores de su casa de Garden Lodge a la espera de la aparición de su presa para devorarla. Como autodefensa, Mercury se recluyó en su casa e incluso el 5 de septiembre celebró en la intimidad su cuadragésimo quinto aniversario, en el cual estuvieron ausentes los compañeros de Queen. «Creo que no quería que la gente le viera como estaba. Quería que todo el mundo lo recordara como había sido», dijo Mike Moran, que fue uno de los pocos que fueron invitados.

Semanas más tarde, Freddie anunció a sus amigos de Garden Lodge que dejaría de tomar su medicación, ya no era capaz de actuar, tampoco de grabar música, que fue su último objetivo: «La enfermedad destruyó al artista y sin el artista Freddie no era nadie», comentó Peter Freestone.

Portada de *The Sun*, uno de los periódicos que más le habían atacado, el día 25 de noviembre de 1991, al día siguiente de su muerte.

El 14 de octubre se editó el single «The Show Must Go On», en lo que se presagio como una despedida de Freddie Mercury. El videoclip contenía grabaciones de otros videoclips de la banda y algunas imágenes en directo.

Mary Austin se reunió con Freddie en Garden Lodge y desafiando los consejos de su médico (estaba embaraza) cuidó de él en las últimas semanas de su vida. Jim Beach emitió un comunicado de Freddie Mercury el 23 de noviembre de 1991 en el que se decía: «Respondiendo a las informaciones y conjeturas que sobre mí han aparecido en la prensa desde hace dos semanas, deseo confirmar que he dado positivo en las pruebas del virus y que tengo el sida. Es hora de que mis amigos y mis fans en todo el mundo conozcan la verdad, y deseo que todos se unan a mí, a mis médicos y a todos los que padecen esta terrible enfermedad para luchar contra ella. Mi intimidad siempre ha sido algo especial para mí y soy conocido por las pocas entrevistas que concedo. Por favor, comprended que esta pauta continuará».

El 24 de noviembre de 1991, a las 18:48 horas, Freddie Mercury fallecía a consecuencia de una bronconeumonía agravada por el sida.

La noticia fue difundida el domingo 24 de noviembre por la noche y el lunes por la mañana el periódico *The Sun*, uno de los que más habían atacado a Freddie, le dedicó la portada con un titular que decía «Freddie is dead». Al día siguiente el *Daily Mirror* publicaba una serie de entrevistas con gente cercana a Freddie como Dave Clark y Mary Austin, bajo el titular «Freddie: The Last Moments», mientras que el *Daily Star* ocupaba la portada con una foto de Mercury y la leyenda: «AIDS Kills The King Of Rock».

El funeral se celebró el 27 de noviembre en el West London Crematorium de Kensal Green, y aunque Freddie no era religioso se celebró una pequeña ceremonia dirigida por dos sacerdotes parsis según la religión zoroástrica. Tan solo asistieron unas 40 personas, entre las que se encontraban sus familiares, los compañeros de Queen, Mary Austin, Dave Clark, Jim Hutton, Jim Beach y Elton John.

Freddie volvió a ser de nuevo nº 1 en las listas de ventas británicas en diciembre, al editarse el single con doble cara A como homenaje póstumo, con «Bohemian Rhapsody» y «These Are The Days Of Our Lives».

El testamento de Mercury destapó de nuevo su extravagancia. Dejó una casa a su ex-amante y responsable de Garden Lodge, Joe Fanelli, y un terreno para su última pareja, Jim Huttom. Los dos y Peter Freestone recibieron 500.000 libras cada uno. Garden Lodge y la mitad de su herencia, valorada en 10 millones de libras, se lo dejó a Mary Austin, su eterna amiga y amante. A Mary también le entregaron las cenizas de Freddie; las guardó durante dos años antes de enterrarlas o esparcirlas según la voluntad del difunto pero sin desvelar el lugar donde se hizo.

Brian May y Roger Taylor se convirtieron involuntariamente en embajadores de la concienciación sobre el sida y en febrero del 92 anunciaron que el 20 de abril se celebraría un gran concierto en el Wembley Stadium bajo el slogan Freddie Mercury Tribute Concert For AIDS Awareness (Concierto Tributo a Freddie Mercury para la Concienciación sobre el Sida). El concierto se retransmitió a setenta países de todo el planeta y contaría con la participación de numerosas bandas y estrellas del universo musical, con una primera parte en la cual bandas de la talla de Metallica, Extreme, Def Leppard y Guns'n'Roses realizaron breves actuaciones, mientras que en la segunda parte los componentes de Queen actuaron junto con varios artistas, como Elton John, Roger Daltrey, Tony Iommi, David Bowie, Mick Ronson, James Hetfield, George Michael, Seal, Paul Young, Annie Lennox, Lisa Stansfield, Robert Plant, Joe Elliott, Phil Collen, Axl Rose, Slash y Liza Minnelli, entre otros.

El concierto vendió las setenta y dos mil entradas que se pusieron a la venta y los beneficios de televisión y retransmisión radiofónica sirvieron para fundar el Mercury Phoenix Trust, organización benéfica que lucha contra el sida y que merece un apartado especial en este libro.

Joe Fanelli, ex-amante de Freddie, falleció de sida un año después, mientras que Jim Hutton, diagnosticado como seropositivo en 1990, fue tratado con retrovirales y sobrevivió a la enfermedad, aunque falleció de cáncer de pulmón en el año 2010. Brian May siempre ha afirmado que si Freddie Mercury hubiera contraído la enfermedad un año más tarde habría podido sobrevivir.

Freddie predijo en sus últimos días de grabación que Queen obtendría de nuevo el éxito en los USA cuando él falleciera porque «la muerte vende mucho». En 1992 el film *Wayne's World*, protagonizado por Mike Meyers utilizó «Bohemian Rhapsody» para su famosa escena del baile del coche; la película recaudó 120 millones de dólares y «Bohemian Rhapsody» alcanzó el nº 2 en Estados Unidos.

Brian May entró en una profunda depresión y no quería saber nada de Queen, se había acabado. En la gira de su disco «Back To The Light», visitó Barcelona el 15 de julio de 1993 organizando una rueda de prensa previa al concierto en la cual se nos advertía a los medios que asistíamos que no contestaría ninguna pregunta sobre Queen o Freddie Mercury. Mientras, Roger Taylor entró en una época vacía, «era como: ¿qué hacemos ahora? ¿hacia dónde íbamos?».

A principios de 1994 Roger Taylor y John Deacon comenzaron a escuchar y trabajar sobre las grabaciones de Freddie Mercury. Brian May se unió al proyecto pensando que no deberían terminar ningún disco, no le gustaba la idea o no estaba preparado para ello. El 6 de noviembre de 1995 se editó *Made In Heaven*, el último disco en estudio de Queen, con una gran aceptación por parte de la prensa y el público. *All Music* escribió sobre él: «Quizás Mercury estaba determinado a marcharse de la misma forma en la que llegó, como una diva. Si es así, lo logró».

En noviembre de 1996 se inauguró una estatua de bronce de tres metros de altura en Montreux. Una escultura de Freddie Mercury en una postura muy familiar para los fans, realizada por la artista checa Irene Sedlecká. En la ceremonia de inauguración hablaron Montserrat Caballé y Brian May, quien días más tarde declaraba a la revista *Q*: «Un hermoso tributo y una ceremonia muy emotiva, pero de repente me sentí muy enfadado. Esto es lo que queda de mi amigo y todo el mundo considera que es normal y fabuloso».

Freddie Mercury se convirtió en una leyenda y dos de sus compañeros, como veremos en el resto del libro, se encargaron de cuidarla y protegerla.

Brian May dijo: «Echo de menos su
picardía, la chispa de su mirada, su sentido
del humor. Pero, sobre todo, echo de
menos que no esté aquí, en el mundo».

Recopilaciones, reediciones discográficas, libros, fundaciones, obras de teatro, documentales, próximamente el cine, o las aventuras de Queen + Paul
Rodgers y Queen + Adam Lambert, solo han hecho que contribuir a que cada
día la leyenda de Freddie Mercury sea más grande, a que cada día que pasa
se le eche de menos. Como dijo Roger Taylor: «Realmente no me di cuenta
de lo que teníamos y lo especial que era». Freddie Mercury es la leyenda del
rock más añorada y querida. Brian May lo expresa perfectamente cuando dice:
«Echo de menos su picardía, la chispa de su mirada, su sentido del humor.
Pero, sobre todo, echo de menos que no esté aquí, en el mundo».

3. DISCOGRAFÍA OFICIAL

1. Queen

QUEEN (1973)
EMI, Parlophone (Europa)
Elektra, Hollywood Records
(Estados Unidos).

Temas:

1. «Keep Yourself Alive». May
2. «Doing All Right». May, Staffell
3. «Great King Rat». Mercury
4. «My Fairy King». Mercury
5. «Liar». Mercury
6. «The Night Comes Down«. May
7. «Modern Times Rock'n'Roll».Taylor
8. «Son and Daughter». May
9. «Jesus». Mercury
10. «Seven Seas of Rhye (instrumental)». Mercury

Primer álbum de Queen de título homónimo, editado en el Reino Unido el 13 de julio de 1973 por Parlophone, mientras que en Estados Unidos se puso a la venta el 4 de septiembre del mismo año por Elektra Records.

El disco se grabó en los Trident Studios y De Lane Lea Studios de Londres, en diciembre de 1971 y en periodos de junio a noviembre de 1972, con la producción de John Anthony, Roy Thomas Baker y el propio grupo.

El trabajo está influido por el hard rock y heavy metal de la época. Freddie Mercury se presenta como el máximo compositor de la banda con cinco de los diez temas, mientras que Brian May aporta cuatro composiciones, una de ellas junto a su compañero de Smile, Tim Staffell.

Roger Taylor aporta el tema más corto y a la postre más rockero del disco, «Modern Times Of Rock'n'roll», mientras que John Deacon se mantiene-ninédito en la composición, aunque como curiosidad hay que decir que la banda le convenció para que saliera en créditos como Deacon John, porque resultaba más comercial, algo que aceptó tan solo por este disco.

Se trata de un trabajo muy desigual, sobre todo en producción, debido a que la banda tenía que grabar en los ratos que los estudios quedaban libres de otros grupos; llegando incluso a tener sesiones entre las 3 y las 6 de la madrugada. También padece un exceso de efectos y recursos sonoros que no le eran necesarios a la mayoría de las canciones. Taylor afirmó años más tarde: «Hay un montón de cosas en el primer álbum que no me gustan. Por ejemplo, el sonido de la batería. Hay partes que pueden sonar demasiado artificiales, partes demasiado variantes y con demasiada energía».

Se editaron dos singles del disco; en Inglaterra «Keep Yourself Alive» y «Son and Daughter» como cara B (6 de julio de 1973), mientras que en los USA fue «Liar» y «Doing All Right» de cara B (14 de febrero de 1974).

Se realizaron varias reediciones siendo la más interesante *Queen. 40 Anniversary Remastered Edition* en el 2011 bajo licencia Queen Productions Ltd., con un total de 26 cortes entre los que destacan versiones no aparecidas en el original y grabaciones en directo en los estudios de la BBC.

QUEEN II (1974)
EMI, Parlophone (Europa)
Elektra, Hollywood Records (EE.UU.)

Temas:

The White Side

1. «Procession». May

2. «Father to Son». May

3. «White Queen (As It Began)». May

4. «Some Day One Day». May

5. «The Loser in the End». Taylor

The Black Side

1. «Ogre Battle». Mercury

2. «The Fairy Feller's Master-Stroke». Mercury

3. «Nevermore». Mercury

4. «The March of the Black Queen». Mercury

5. «Funny How Love Is». Mercury

6. «Seven Seas Of Rhye». Mercury

Segundo trabajo de la banda que añade tan solo el número dos romano para así seguir la estela del primero homónimo. Se lanza el 8 de marzo de 1974 en el Reino Unido, mientras que en EE.UU pasa casi un mes hasta su edición, el 9 de abril de 1974.

El disco está grabado en los Trident Studios de Londres en agosto de 1973, a las órdenes del productor Roy Thomas Baker, que repite de nuevo. En este disco comienza a tener un importante peso específico el técnico de sonido de Trident, Mike Stone, que mantendría una larga relación profesional con Queen.

El disco se presenta en vinilo con dos caras totalmente opuestas, *The White Side* y *The Black Side*. Una sobria, el Lado Blanco, donde era Brian May quien llevaba la composición de cinco de los seis temas, mientras que Taylor volvía a aportar el tema más rockero del álbum, «The Loser In The End».

En esta cara May se nos presenta como un genio de la guitarra, desarrollando unas melodías impactantes e inusuales en otros guitarristas, tanto que la revista *Rolling Stone* lo calificó como «un volcán sónico».

El Lado Negro es propiedad de Mercury y en él desarrolla todo su potencial vocal, dando paso a un imaginario irreal que se convertiría en una de las constantes de Queen.

SHEER HEART ATTACK (1974)
EMI, Parlophone (Europa)
Elektra, Hollywood Records (EE.UU.)

Temas:

1. «Brighton Rock». May

2. «Killer Queen». Mercury

3. «Tenement Funster». Taylor

4. «Flick Of The Wrist». Mercury

5. «Lily Of The Valley». Mercury

6. «Now I'm Here». May

7. «In The Lap Of The Gods». Mercury

8. «Stone Cold Crazy». Queen

9. «Dear Friends». May

10. «Misfire». Deacon

11. «Bring Back That Leroy Brown». Mercury

12. «She Makes Me (Stormtrooper In Stilettoes)». May

13. «In The Lap Of The Gods...Revisited». Mercury

Tercer álbum de la banda en tan solo dos años. Grabado en los estudios Trident, Wessex, Rockfield y Air (Reino Unido) entre julio y septiembre de ese mismo año y producido por Roy Thomas Baker y la propia banda. Se publicó el 1 de noviembre del 74 en el Reino Unido y once días más tarde, el 12 de noviembre en Estados Unidos.

El disco comenzó a grabarse sin Brian May, debido a una hepatitis que obligó a la banda a suspender la gira americana junto a Mott The Hoople.

Mercury se apodera del estudio y comienza a explorar los registros de voz que se convertirían en característicos de su carrera. Se trata del álbum donde Queen construye los cimientos sobre los que levantar su leyenda. Mercury presenta un maravilloso «Killer Queen» para demostrar que no hay que tenerle miedo al pop, sobre todo si es perfecto. May reconstruye el viejo tema de Smile, «Blag», y lo colocan abriendo el disco, «Brighton Rock», con su entrada circense.

Se trata del primer álbum donde Deacon compone un tema, el popero «Misfire», que junto con la aportación de Taylor, es lo más flojo del disco y no pueden competir con la grandeza de temas como «Now I'm Here» o «Stone Cold Crazy». *Sheer Heart Attack* fue el primer álbum con el que Queen logró un éxito importante, alcanzando el nº 2 de ventas en el Reino Unido y el 12 en Estados Unidos.

Se publicaron tres singles del álbum:

– «Killer Queen/Flick of the Wrist» el 11 de octubre de 1974,

– «Now I'm Here/Lily of the Valley» el 17 de enero de 1975 y

– «Lily of the Valley/Keep Yourself Alive» que vio la luz en abril de 1975.

Freddie Mercury dijo de este disco: «El álbum es muy variado, lo llevamos al extremo supongo, pero estamos muy interesados en las técnicas de estudio y queríamos usar lo que estaba disponible. Aprendimos mucho sobre la técnica mientras estábamos haciendo los dos primeros álbumes... pero si nos ves en un escenario, somos básicamente una banda de rock».

A NIGHT AT THE OPERA (1975)
EMI, Parlophone (Europa)
Elektra, Hollywood Records (EE.UU.)

Temas:

1. «Death on Two Legs (Dedicated To...)». Freddie Mercury
2. «Lazing On A Sunday Afternoon». Freddie Mercury
3. «I'm In Love With My Car». Taylor
4. «You're My Best Friend». Deacon
5. «'39». May
6. «Sweet Lady». May
7. «Seaside Rendezvous». Mercury
8. «The Prophet's Song». May
9. «Love of My Life». Mercury
10. «Good Company». May
11. «Bohemian Rhapsody». Mercury
12. «God Save the Queen». Tradicional, May

Cuarta entrega de Queen, grabado entre agosto y noviembre de 1975 en los estudios londinenses Sarm, Roadhouse, Olympic Studios, Scorpio and Lansdowne, y en los estudios Rockfield de Monmouthshire. Coproducido por Roy Thomas Baker y Queen, se editó en el Reino Unido el 21 de noviembre y el 2 de diciembre de 1975 en Estados Unidos.

Se vuelve a repetir la fórmula de composición, cinco temas para Mercury, cuatro para May, más la adaptación del tradicional «God Save The Queen» y tan solo un tema para cada uno de los restantes. Destacar que Deacon consigue colocar su primer gran éxito de Queen, «You're My Best Friend», canción que incluirían en casi todos los conciertos desde su edición.

Taylor vuelve a apostar por el rock y su tema es uno de los más virulentos del disco. Brian May construye temas preciosos, siendo una aportación semi folk, «'39», la más celebrada.

A Night At The Opera es el disco donde se destapa Mercury logrando plasmar parte de su repertorio de composición más florido. Posiblemente el que está considerado como el mejor tema de Queen, «Bohemian Rhapsody» y «Love Of My Life» son los cortes que mejor lo plasman.

Antes de grabar el disco Queen rompen su relación con su manager, Norman Sheffield, propietario de Trident y persona que los descubrió cuando todavía se llamaban Smile. Mercury compuso el tema que abre el álbum, «Death on Two Legs (Dedicated To…)», dedicado a la ruptura con Sheffield.

Queen firman con EMI y John Reid pasa a ser su manager durante los próximos tres años. Reid convence a la discográfica para que apueste por el grupo y el sello se vuelca en el nuevo disco de la banda. *A Night At The Opera* pasa a ser la producción discográfica más cara que jamás se había realizado y ocupó ese privilegio durante muchos años.

El éxito fue fulminante y consiguió llegar al nº 1 de la lista de discos más vendidos del Reino Unido y al nº4 en USA. Ha vendido casi 4 millones de copias en todo el mundo y está considerado como uno de los mejores discos de la historia de la música. Del álbum se extrajeron dos singles:

– «Bohemian Rhapsody / I'm In Love With My Car», octubre de 1975.
– «You're My Best Friend / '39», publicado el 18 de mayo de 1976.

A DAY AT THE RACES (1976)
EMI, Parlophone (Europa)
Elektra, Hollywood Records (EE.UU.)

Temas:

1. «Tie Your Mother Down». Brian May
2. «You Take My Breath Away». Freddie Mercury
3. «Long Away». May
4. «The Millionaire Waltz». Mercury
5. «You and I». John Deacon
6. «Somebody to Love». Mercury
7. «White Man». May
8. «Good Old-Fashioned Lover Boy». Mercury
9. «Drowse». Roger Taylor
10. «Teo Torriatte (Let Us Cling Together)». May

Quinto álbum de Queen y segundo que adopta el nombre de una película de los Hermanos Marx. Idea que surgió mientras ensayaban para las sesiones de grabación de *A Night At The Opera* y la banda al completo visionó la película del mismo título en el estudio de grabación.

El álbum fue grabado entre junio y noviembre de 1976 en los estudios Sarm West ingleses, y se trata del primer trabajo producido al completo por la banda, tras romper sus compromisos con los estudios Trident y por lo tanto con Roy Thomas Baker. Sin embargo conservaron a Mike Stone como técnico de grabación e ingeniero del disco.

Se editó el 10 de diciembre de 1976, rápidamente tuvo un éxito fulminante y alcanzó el n° 1 de ventas en el Reino Unido, Japón y Holanda, entrando en el Billboard americano directo al n° 5.

El peso de las composiciones vuelve a recaer en Mercury y Brian con cuatro temas cada uno, mientras que Deacon y Taylor aportan un par de temas.

Si bien no hay ningún tema tan impactante como «Bohemian Rhapsody» encontramos dos piezas que pasarían al imaginario universal de Queen, «Tie Your Mother Down» y «Somebody To Love».

El *Washington Post* describió el disco como «una sabia mezcla de heavy metal clásico con influencias de ópera». El *Winnipeg Free Press* confirmó a la banda «Queen como el mejor grupo de la tercera ola de bandas de rock inglesas». La redacción de *Circus* describió el disco de forma muy gráfica: «Es ridículo, y maravillosamente descarado».

En 2006 la BBC lo incluyó en su lista de *Los mejores discos de todos los tiempos* en la posición 67, mientras que la revista *NME*, ese mismo año, lo colocaba en el número 87 de su lista de *Los 100 mejores discos de todos los tiempos*.

Está considerado como uno de los discos más completos de Queen. Por su experimentación, la búsqueda de nuevos caminos, la versatilidad de estilos y el discurso musical, se pensó que era la continuación de *A Night At The Opera*, como si se tratara de un disco dividido en dos partes.

Taylor decía en la promoción del disco, «estos dos álbumes se podrían haber publicado a la vez sin ningún problema, eran como hermanos musicales», mientras que May aseguraba que «era una de las épocas de mayor inspiración y poder imaginativo del grupo».

Se editaron varios singles:

– 12 de noviembre de 1976. «Somebody To Love / «White Man»
– 4 de marzo de 1977. «Tie Your Mother Down / You And I»
– 24 de marzo de 1977. «Teo Torriatte (Let Us Cling Together) / Good Old-Fashioned Lover Boy»

- 20 de mayo de 1977 (Primer EP de Queen). «Good Old-Fashioned Lover Boy / Death on Two Legs (Dedicated To…) / Tenement Funster / White Queen»
- 5 de junio de 1977. «Long Away / You And I»

NEWS OF THE WORLD (1977)
EMI, Parlophone (Europa)
Elektra, Hollywood Records (EE.UU.)

Temas:

1. «We Will Rock You». Brian May
2. «We Are the Champions». Freddie Mercury
3. «Sheer Heart Attack». Roger Taylor
4. «All Dead, All Dead». May
5. «Spread Your Wings». John Deacon
6. «Fight from the Inside». Taylor
7. «Get Down, Make Love». Mercury
8. «Sleeping on the Sidewalk». May
9. «Who Needs You». Deacon
10. «It's Late». May
11. «My Melancholy Blues». Mercury

Sexto disco en estudio de Queen, y segundo grabado en los estudios Sarm West y en los Wessex Studios de Londres. La banda vuelve a repetir en la producción del disco, compartida en esta ocasión con el ingeniero de sonido Mike Stone.

News Of The World se editó el 28 de octubre de 1977.

Tras las críticas recibidas por *A Day At the Races*, donde se acusaba a la banda de profundizar mucho en la producción y recargar el álbum en exceso, el grupo decidió buscar un sonido más sencillo y directo pero sin perder la esencia lograda en los dos últimos discos. De esta forma este disco reduce arreglos, aunque siguen las armonías vocales en multi grabación y hay melodías orquestales, pero el sonido es más sencillo, definido por el propio Brian May como sonido *rootsier*.

Se trata del primer disco donde la supremacía de Mercury y May no está tan marcada en las composiciones, y la primera vez que Deacon y Taylor colocan dos temas cada uno. No obstante el binomio Mercury/May vuelven a firmar los dos temas más importantes del álbum: «We Will Rock You» y «We Are The Champions». En el disco se incluyó «Sheer Heart Attack», un tema de Roger Taylor que no entró en las grabaciones del disco que llevaba ese nombre.

También es un disco grabado muy rápidamente, en tan solo diez semanas, que es muy poco en comparación a los largos procesos anteriores.

La portada del disco es la adaptación de una imagen de cabecera que el artista de ciencia-ficción Frank Kelly Freas diseñó para una revista *Analog Science Fiction and Fact*, en concreto para un número llamado *Please... fix it, Daddy?*. La sorprendente imagen de un robot sacando a los integrantes del grupo de una sala de conciertos es un giro radical respecto a las sobrias portadas anteriores.

La idea de la imagen fue de Roger Taylor, que encontró un ejemplar de esa revista y le pareció una buena imagen para la portada de un disco.

Kelly Freas permitió la modificación de la imagen y, además, en la edición original también aparecía el robot cogiendo al público del concierto en la parte interior del disco.

El 7 de octubre de 1977 se edita un single con dos caras A por primera vez en la historia, «We Are The Champions / We Will Rock You», obteniendo un éxito incuestionable, sobre todo en Estados Unidos, donde ayudó al álbum a alcanzar la posición 3 del Billboard y a vender más de 4 millones de discos.

Los otros sencillos editados fueron:
– 10 de febrero de 1978. «Spread Your Wings / Sheer Heart Attack»
– 25 de abril de 1978. «It's Late / Sheer Heart Attack»

JAZZ (1978)
EMI (Europa)
Elektra, Hollywood Records (EE.UU.)

Temas:
1. «Mustapha». Freddie Mercury
2. «Fat Bottomed Girls». Brian May
3. «Jealousy». Mercury
4. «Bicycle Race». Mercury
5. «If You Can't Beat Them». John Deacon

6. «Let Me Entertain You». Mercury

7. «Dead On Time». May

8. «In Only Seven Days». Deacon

9. «Dreamer's Ball». May

10. «Fun It». Roger Taylor

11. «Leaving Home Ain't Easy». May

12. «Don't Stop Me Now». Mercury

13. «More of That Jazz». Taylor

Séptimo disco de Queen, grabado entre junio y octubre de 1978 en los Mountain Studios de Montreux, Suiza y Super Bear Studios de Berre-les-Alpes, Francia. Primera grabación en los Mountain Studios, situados en el Casino Barrière de Montreux, y que fue propiedad de Queen entre 1978 y 1995.

Volvieron a contar con Roy Thomas Baker en la producción, que se ponía al frente de la grabación después de tres años desde *A Night At The Opera*, pero la cosa no fue muy fluida y no continuó como productor de Queen.

El disco se editó el 10 de noviembre de 1978 y tuvo críticas muy contradictorias debido a sus numerosos cambios de estilo, sin embargo se situó en el nº2 de la lista de discos más vendidos del Reino Unido y en el nº6 del Billboard americano. Hasta la fecha ha vendido más de 5 millones de copias.

Freddie se lleva la mayor parte de la composición con cinco temas, entre los que destacan «Bicycle Race», «Don't Stop Me Now» que se convierte en uno de los mejores temas de la banda, y el tema de inicio, «Mustapha», donde Mercury juega con palabras inconexas en inglés, árabe y persa, además de un gran número de vocablos inventados y sin sentido. Como curiosidad Freddie comenzaba muchos conciertos con la introducción del tema, la banda decidió cambiar la frase de la canción «Allah, we'll pray for you (Allah, vamos a orar por ti)» por «Mama, just killed a man...» (Mama, acabo de matar a un hombre...)».

Brian May aporta cuatro temas, destacando «Fat Bottomed Girls», mientras que Deacon y Taylor contribuyen con dos cada uno.

De *Jazz* se editaron cuatro singles:

– 13 de octubre de 1978. Single de doble cara A con «Bicycle Race / Fat Bottomed Girls»

– 5 de enero de 1979. «Don't Stop Me Now / In Only Seven Days»

– En Abril de 1979 fueron dos sencillo. «Jealousy / Fun It» y «Mustapha / Dead On Time»

THE GAME (1980)
EMI (Europa)
Elektra, Hollywood Records (EE.UU.)

Temas:

1. «Play the Game». Freddie Mercury
2. «Dragon Attack». Brian May
3. «Another One Bites the Dust». John Deacon
4. «Need Your Loving Tonight». Deacon
5. «Crazy Little Thing Called Love». Mercury
6. «Rock It (Prime Jive)». Roger Taylor
7. «Don't Try Suicide». Mercury
8. «Sail Away Sweet Sister». May
9. «Coming Soon». Taylor
10. «Save Me». May

Octavo álbum de Queen, grabado entre junio y julio de 1979 y en febrero de 1980 en los Musicland Studios de Múnich, Alemania. Un álbum producido por la banda junto a Reinhold Mack, un alemán que había trabajado con The Rolling Stones, Deep Purple y Electric Light Orchestra entre otros muchos. La estupenda relación entre Mercury y Mack traspasó el estudio y el tercer hijo del productor se llamó John Frederick por Freddie Mercury, quien pasó a ser su padrino, junto con John Deacon.

Mack les convenció de usar por primera vez un sintetizador, el Oberheim OB-X, algo inédito en Queen que siempre se habían vanagloriado de no utilizar sintetizadores, hasta el punto de ponerlo escrito en sus discos. Lo cierto es que el sonido de la banda cambió y partir de este álbum adquirieron una serie de rasgos musicales mucho más comerciales o asequibles. Por otro lado es el disco más corto de la banda con tan solo 35 minutos y 39 segundos, tan solo superado por *Flash Gordon*, el siguiente trabajo, donde se trataba de realizar una banda sonora. Las composiciones se reducen a seis entre Mercury y May, más cuatro entre Deacon y Taylor, repartidas a partes iguales. No obstante Deacon aquí se destapa con un tema que fue un rotundo éxito, «Another One Bites The Dust», tema que posee el bajo repetitivo más popular de la historia de la música. El otro hit es para «Crazy Little Thing Called Love» de Mercury, posiblemente la canción que les abrió definitivamente las puertas el mercado americano, que cayó rendido a sus pies.

Esos dos temas fueron los dos únicos n° 1 de Queen en Estados Unidos. «Crazy Litle Thing Called Love» alcanzó el n° 2 en el Reino Unido, y repitió en primera posición en Australia, Canadá, México y Holanda.

La canción fue compuesta por Mercury en el hotel donde descansaba durante la grabación y se rumorea que el tema lo terminó 10 minutos antes de grabarlo. «Another One Bites The Dust» recibió un American Music Award en la categoría de Favorite Pop/Rock Single.

¿Era necesario cambiar? Así lo asumieron los miembros de Queen, que tras la exitosa gira del álbum *Jazz* decidieron probar con sensaciones nuevas y el resultado es *The Game*, cambio de productor, cambio de sonido y cambio de imagen. En este disco es donde Mercury aparece por primera vez con su famoso bigote y la estética del grupo cambia para asemejarse a macarras de barrio, aunque más correctamente se debería apuntar que se buscó una imagen cercana a *Cruising*, *A la caza* en España y *Cacería* en Latinoamérica, película dirigida por William Friedkin e interpretada por Al Pacino y Paul Sorvino. Cinta donde se refleja el ambiente homosexual de la noche neoyorkina tras una trama policiaca.

The Game consiguió ser el disco más vendido de la banda en Estados Unidos, donde supera los 4 millones de copias vendidas.

Se editaron cinco singles de *The Game*:

– «Crazy Little Thing Called Love», el 5 de agosto de 1979.
– «Save me», el 25 de enero de 1980.
– «Play the Game», el 30 de mayo de 1980.
– «Another One Bites The Dust», el 22 de agosto de 1980.
– «Need your loving tonight», a finales de agosto de 1980.

FLASH GORDON (1980)
EMI (Europa)
Elektra, Hollywood Records (EE.UU.)

Temas:

1. «Flash's Theme». Brian May
2. «In the Space Capsule (The Love Theme)». Roger Taylor
3. «Ming's Theme (In the Court of Ming the Merciless)». Freddie Mercury
4. «The Ring (Hypnotic Seduction of Dale)». Mercury

5. «Football Fight». Mercury

6. «In The Death Cell (Love Theme Reprise)». Taylor

7. «Execution of Flash». John Deacon

8. «The Kiss (Aura Resurrects Flash)». Mercury, Howard Blake

9. «Arboria (Planet of the Tree Man)». Deacon

10. «Escape from the Swamp». Taylor

11. «Flash to the Rescue». May

12. «Vultan's Theme (Attack of the Hawk Men)». Mercury

13. «Battle Theme». May

14. «The Wedding March». May

15. «Marriage of Dale and Ming (And Flash Approaching)». May, Taylor

16. «Crash Dive on Mingo City». May

17. «Flash's Theme Reprise (Victory Celebrations)». May

18. «The Hero». May, Blake

Se trata del noveno álbum en estudio de la banda, aunque estaría mejor considerarlo tan solo como lo que es, una banda sonora de la película del mismo nombre dirigida por Mike Hodges, y producida Dino De Laurentiis.

El disco se grabó en dos tandas, la mayor parte de las canciones entre octubre a noviembre de 1980, mientras que los temas «Football Fight» y «The Kiss», fueron grabados en febrero a marzo de 1980 durante tiempos libres de las sesiones de *The Game*. Se utilizaron los estudios Town House, Music Center y Advision Studios de Londres. El álbum estuvo producido por Brian May y Reinhold Mack.

Flash Gordon se editó el 8 de diciembre de 1980 en el Reino Unido, el 25 de enero del 81 en Japón, mientras que en Estados Unidos se publicó en febrero de 1981. Como curiosidad, el disco se editó en el Reino Unido el mismo día del asesinato de John Lennon.

El disco es mayormente instrumental, salvo dos temas, «Flash's Theme» y «The Hero», las composiciones son todas de Queen con la particularidad de la participación de arreglos orquestales de Howard Blacke en dos temas, «The Kiss» y «The Hero».

El álbum tuvo muy buena acogida, alcanzando el nº 10 en las listas del Reino Unido y el nº 42 en Estados Unidos.

Tan solo se editó un single, el 24 de noviembre, con «Flash's Theme», pero llamado tan solo «Flash» y acompañado en la cara B por «Football Fight».

HOT SPACE (1982)
EMI (Europa)
Elektra, Hollywood Records (EE.UU.)

Temas:

1. «Staying Power». Freddie Mercury

2. «Dancer». Brian May

3. «Back Chat». John Deacon

4. «Body Language». Mercury

5. «Action This Day». Roger Taylor

6. «Put Out the Fire». May

7. «Life Is Real (Song for Lennon)». Mercury

8. «Calling All Girls». Taylor

9. «Las Palabras de Amor (The Words of Love)». May

10. «Cool Cat». Mercury, Deacon

11. «Under Pressure» (con David Bowie). Mercury, May, Taylor, Deacon, Bowie

Décimo álbum de Queen y el que está considerado por la mayoría de los fans como el peor de la banda. Publicado el 21 de mayo de 1982, está grabado en los estudios de la banda, Mountain Studios de Montreux, Suiza y en Musicland Studios de Múnich, Alemania. La producción corrió a cargo de Arif Mardin, Reinhold Mack y la propia banda, contando con la aportación de David Bowie en el tema «Under Pressure».

Precisamente este tema cantado junto a David Bowie no pertenecía al disco y fue lanzado medio año antes del disco, alcanzando el nº 1 de las listas del Reino Unido y un gran éxito en Estados Unidos.

El disco presenta un cambio de sonido radical hacia la música disco, con una masificación de los sonidos sintetizados y un Freddie Mercury que perdía potencia vocal en beneficio de la música como mero acompañamiento del baile.

Años más tarde, en una entrevista a la revista *Q* fechada en julio de 2014, Roger Taylor y Brian May lamentaban el sonido de *Hot Space*, argumentando que el disco se grabó en la peor época de la banda con muchas turbulencias internas y que parte de la culpa del cambio de sonido la tuvo Paul Prenter, manager y compañero de Freddie Mercury y que según ellos ejerció una pésima influencia sobre el vocalista.

Como curiosidades, encontramos el tema «Life is Real (Song for Lennon)», marcado por la historia de haber editado el disco *Flash Gordon* el mismo día del asesinato del exBeatle; y «Las palabras de amor» con el estribillo en español, una concesión de la banda a su público latino, ya que el Latinoamérica Queen se habían convertido en una leyenda.

A pesar de las malas críticas y la poca convicción de calidad del álbum, es el disco del que se editaron más singles:

– «Under Pressure /Soul Brothers» el 26 de octubre del 81.
– «Body Languaje / Life is real (Song for Lennon)» el 19 de abril del 82.
– «Las palabras de amor / Cool Cat» el 1 de junio del 82. Se editó inicialmente en Chile, Venezuela y México.
– «Back Chat / Staying Power» el 31 de julio del 82. Tan solo editado en Japón.
– «Staying Power / Calling All Girls» el 31 de julio del 82.

THE WORKS (1984)
EMI, Parlophone (Europa)
Capitol Records, Hollywood Records
(EE.UU.)

Temas:
1. «Radio Ga Ga». Roger Taylor
2. «Tear It Up». Brian May
3. «It's a Hard Life». Freddie Mercury
4. «Man on the Prowl». Mercury
5. «Machines (Or 'Back to Humans')». May, Taylor
6. «I Want to Break Free». John Deacon
7. «Keep Passing the Open Windows». Mercury
8. «Hammer to Fall». May
9. «Is This the World We Created...?». Mercury, May

Undécimo álbum de estudio de Queen, grabado en el Record Plant Studios en Los Ángeles, California y Musicland Studios en Múnich, Alemania de agosto de 1983 a enero de 1984. La banda repite la fórmula de coprodución entre Queen y Reinhold Mack. Se editó el 27 de febrero de 1984 y supuso un reparto de roles muy definidos entre el grupo.

Brian May aportaba más el lado rockero de la banda, algo que agradecieron los fans más clásicos de Queen, Taylor también apostaba por ese postulado, a pesar de ser el autor de uno de los temas más comerciales del álbum, «Radio Ga Ga». John Deacon estaba obsesionado con el movimiento funk de New York y lo plasmaba a la mínima que podía y Freddie Mercury seguía fascinado por el *underground* eléctronico alemén y el electro pop más decadente que tanto daño hicieron en *Hot Space*.

Tras la finalización de la gira de *Hot Space* la banda se tomó un año de descanso, en el cual sus miembros comenzaron a preparar trabajos paralelos a la banda. La suspensión de una gira latinoamericana por problemas de infraestructura y con el equipo técnico activaron los rumores de separación.

El regreso al estudio de Queen supuso una vuelta a las raíces del rock, pero nunca sonando como en sus discos clásicos. En este álbum nace el nuevo sonido de la banda, donde puede existir un común denominador rockero, pero también se asimila definitivamente la música electrónica y desde *Works* el sonido del grupo es mucho más asequible y comercial.

El álbum es todo un éxito en el Reino Unido, donde alcanzó el nº 2 de las listas de ventas y ha sido al disco que más ha permanecido en ellas, con 93 semanas. En Estados Unidos no funcionó tan bien como anteriores trabajos, debido sobre todo por la censura del single «I Want To Break Free» de John Deacon, más concretamente el videoclip, debido a las insinuaciones de homosexualidad de los componentes del grupo, llegando a acusar de libertinaje gratuito los papeles de Mercury y Taylor.

La banda se negó a girar por el país que les censuró, lo que borró el disco de las listas de ventas y abrió más la brecha con anteriores trabajos. Todo lo contrario que ocurrió en Latinoamérica, donde triunfo gracias a temas como «Radio Ga Ga», «It's a Hard Life» y «I Want to Break Free». El disco ha vendido más de 5 millones de copias en todo el mundo.

Se editaron cinco singles:

– «Radio Ga Ga / I Got Crazy» el 23 de enero de 1984.
– «I Want To Break Free / Machines (Or `Back To Humans)» el 2 de abril de 1984.
– «It's a Hard Life / Is This The World We Created...?» el 16 de julio del 84.
– «Hammer to Fall / Tear It Up» el 10 de septiembre del 84.

Además, en diciembre de 1984 se editó un single navideño con un tema inédito y dos temas del disco rellenando la cara B, «Thank God It's Christmas / Man on the Prowl / Keep Passing the Open Windows».

A KIND OF MAGIC (1986)
EMI, Parlophone (Europa)
Capitol Records, Hollywood Records
(EE.UU.)

Temas:

1. «One Vision». Queen
2. «A Kind of Magic». Roger Taylor
3. «One Year of Love». John Deacon
4. «Pain Is So Close to Pleasure». Freddie Mercury, Deacon
5. «Friends Will Be Friends». Mercury, Deacon
6. «Who Wants to Live Forever». Brian May
7. «Gimme the Prize (Kurgan's Theme)». May
8. «Don't Lose Your Head». Taylor
9. «Princes of the Universe». Mercury

Duodécimo álbum en estudio de Queen. Se trata de la banda sonora de la película *Highlander*, *El último inmortal* en Latinonoamérica, y *Los inmortales* en España. Una película estadounidense-británica de acción y fantasía de 1986 dirigida por Russell Mulcahy y protagonizada por Christopher Lambert. Todos los temas del disco suenan en el film, excepto «Pain is so Close to Pleasure». El álbum se grabó entre septiembre de 1985 y abril de 1986, en los estudios Musicland Studios de Múnich, los Mountain Studios de Montreux y Townhouse Studios de Londres.

La producción corrió a cargo del binomio formado por Reinhold Mack y Queen, más la incorporación de David Richards, quien ya había trabajado con Roger Taylor en su disco *Strange Frontier* de 1984.

Este disco significa muchas cosas. Es la primera vez que la banda realizaba una grabación digital, la primera vez que permitía que se la grabara en el estudio, imágenes que aparecen en diferentes momentos del videoclip de «One Vision». Es la primera vez que firman un tema los cuatro juntos, precisamente «One Vision» y al mismo tiempo se trata de la primera vez que el protagonismo en la composición está equilibrado, es más, casi es más importante el peso específico de Taylor y Deacon, que el de Mercury y Brian, como estábamos acostumbrados. Pero por encima de todo es el último disco con el que la banda giró en concierto, debido al mal estado de salud de Freddie Mercury, que ya había contraído VIH (Virus de Inmunodeficiencia Humana).

A Kind Of Magic entró directamente al nº 1 de las listas británicas, vendiendo más de 100.000 discos en la primera semana y permaneciendo en los charts 63 semanas. A nivel global el álbum vendió más de 6 millones de copias en todo el mundo.

La gira de presentación del disco, *The Magic Tour*, fue la más exitosa del grupo, pero solo se pudo realizar en Europa debido a la debilidad de Mercury. Se realizaron 26 conciertos y tan solo en Inglaterra consiguieron vender más de 400.000 entradas. El concierto de final de gira en Knebworth Park es recordado por haberse producido uno de los atascos de tráfico más importantes de la historia del Reino Unido.

A nivel musical, aún tratándose de una banda sonora, *A Kind Of Magic* es uno de los discos más emblemáticos de Queen, por todo lo que representa y porque fue la conclusión definitiva del sonido de la banda, el punto culminante de todas sus facetas mezcladas de forma sabia y acertada.

La importancia del disco se puede medir en la cantidad de singles extraídos del mismo. Un total de 7 sencillos:

- «One Vision / Blurred Vision» el 4 de noviembre del 85, previo al lanzamiento del disco.
- «A Kind Of Magic / A Dozen Red Roses for My Darling (Europa)/ Gimme the Prize (USA)» el 17 de marzo del 86.
- «Princess Of The Universe / A Dozen Red Roses for My Darling» en abril del 86, tan solo para Estados Unidos, Australia y Japón.
- «One Year Of Love / Gimme The Prize» el 4 de junio del 86, tan solo en Francia y España.
- «Friends Will Be Friends / Seven Seas Of Rhye» el 9 de julio del 86.
- «Pain Is So Close to Pleasure / Don't Lose Your head» en agosto de 1986.
- «Who Wants to Live Forever / Killer Queen» el 15 de septiembre de 1986.

THE MIRACLE (1989)
EMI, Parlophone (Europa)
Capitol Records, Hollywood Records
(EE.UU.)

Temas:

1. «Party».
2. «Khashoggi's Ship».

3. «The Miracle».
4. «I Want It All».
5. «The Invisible Man».
6. «Breakthru».
7. «Rain Must ».
8. «Scandal».
9. «My Baby Does Me».
10. «Was It All Worth It».

The Miracle es el décimotercero de la lista de discos de estudio de Queen y primero grabado con la certeza, por parte de la banda, de que no iba a haber gira de presentación debido a la enfermedad de Freddie Mercury.

El disco se grabó en Olympic Studios y Townhouse Studios de Londres, y en los Mountain Studios de Montreux, bajo la producción de David Richards y la propia banda. El disco se comenzó a grabar en enero de 1988 y se terminó en enero de 1989, siendo el disco de Queen que más se tardó en gestar. Roger Taylor aprovechó para grabar el primer disco de su banda The Cross, Brian May paso un periodo con grandes problemas matrimoniales y además colaboró con varios músicos, John Deacon se dedicó al 100% a su familia, dejando claro que musicalmente solo le interesaba Queen y Freddie Mercury grabó *Barcelona*, su disco junto a Montserrat Caballé. Finalmente el disco se editó el 22 de mayo de 1989.

La banda era consciente que Mercury estaba enfermo, pero en aquella época no eran conscientes de su gravedad. Es por eso que el disco está rodeado de una aureola de optimismo y magia que no habían tenido nunca. La banda hizo piña en torno a Mercury y se convirtieron por primera vez en algo más que un grupo. La portada del disco une por los ojos las cabezas de todos los miembros, en un montaje donde resulta prácticamente imposible distinguir donde acaba uno y empieza el otro.

Casi todos los temas son compuestos en común y se pierde la supremacía de Mercury y May en las aportaciones al álbum. El disco que en un principio debía llamarse *The Invisible Man* se cambió semanas antes de la edición por *The Miracle* porque realmente se pensaba que podría existir una recuperación de Mercury. Un optimismo que acabó rápidamente, dando paso a un nuevo disco *Innuendo*, que se nos presentará como un auténtico epílogo dramático y despedida.

The Miracle alcanzó rápidamente el nº 1 en el Reino Unido, Austria, Alemania, Holanda y Suiza, y nº 24 en el Billboard 200 de Estados Unidos. El álbum vendió más de 5 millones de copias en todo el mundo, algo inaudito para un disco que no tuvo apoyo de una gira de conciertos, lo cual explica la gran cantidad de fans que Queen había generado en todo el planeta, incluso en Estados Unidos, donde habían tenido problemas con la industria desde la censura de «I Want To Break Free».

De *The Miracle* se extrajeron cinco sencillos:

– «I Want It All / Hang On In There» el 2 de mayo del 89.
– «Breakthru / Stealin'» el 19 de junio del 89.
– «The Invisible Man / Hijack My Heart» el 7 de agosto del 89.
– «Scandal / My Life Has Been Saved» el 9 de octubre del 89.
– «The Miracle / Stone Cold Crazy (live)» el 27 de noviembre del 89.

INNUENDO (1991)
Parlophone (Europa)
Hollywood Records (EE.UU.)

Temas:

1. «Innuendo».
2. «I'm Going Slightly Mad».
3. «Headlong».
4. «I Can't Live With You».
5. «Ride The Wild Wind».
6. «All God's People».
7. «These Are The Days Of Our Lives».
8. «Delilah».
9. «Don't Try So Hard».
10. «The Hitman».
11. «Bijou».
12. «The Show Must Go On».

Decimocuarto disco de Queen y último editado con Freddie Mercury vivo. Fue producido una vez más por David Richards y la banda al completo. Se grabó entre marzo y noviembre de 1990 en los Metropolis Studios de Londres y en Mountain Studios de Montreux, Suiza. *Innuendo* estaba pensado editarse en diciembre de 1990, para aprovechar el consumismo navideño y así mejorar las ventas del álbum, sin embargo el mal estado de salud de

Freddie Mercury retrasó las tareas de producción y al final se editó el 5 de febrero de 1991.

La portada de *Innuendo*, así como todo el imaginario interior del álbum y los singlés editados, son ilustraciones de Jean Ignace Isidore Gérard (1803-1847), más conocido como J. J. Grandville, caricaturista francés muy popular por realizar litografías satíricas e ilustraciones de libros como *Robinson Crusoe*, *Los viajes de Gulliver*, y las fábulas de *La Fontaine*.

La portada es una ilustración llamada *Juggler of Universe* del libro *Un Autre Monde*, un dibujo que también fue utilizado para decorar la novela *Viaje al día en 80 mundos* de Julio Cortazar.

A nivel musical todos los temas están acreditados por Queen al completo, aunque en la lista de temas superior aparecen los nombres de los letristas.

El sonido es un retorno a los años de *A Night At The Opera* y *A Day At The Races*, con temas muy elaborados, un tanto barrocos y con mucho trabajo de producción de estudio en las voces y coros. A pesar de que Freddie ya estaba muy deteriorado, es increíble el registro de voz que posee en el disco usando 4 octavas, pero sin poder llegar a las 3 octavas que registraba en la mayoría de las grabaciones anteriores.

El disco tiene momentos grandiosos como el tema que da título al álbum, «Innuendo» donde colabora Steve Howe, guitarrista de Yes, colocando una majestuosa guitarra española, las potentes «Headlong» y «The Hitman», cargadas de guitarras y rabia contenida. Pero lo que realmente marco *Innuendo* fueron los temas en clave balada, más sentimentales y dramáticos como «These Are The Days Of Our Lives», «I'm Going Slightly Mad» y sobre todo «The Show Must Go On», toda una declaración de principios, un compromiso personal y colectivo y el epitafio perfecto de Freddie Mercury, su despedida.

El disco alcanzó el °1 en el Reino Unido de inmediato y permaneció en esa posición durante dos semanas, también alcanzó el n° 1 en Italia, Holanda, Alemania, Suiza y Estados Unidos, siendo el primer disco en alcanzar esa posición en ese país a la semana de editarse, algo que no pasaba desde antes de 1984 con la edición de *Works* y sus problemas con la censura americana. En España se mantuvo entre los 10 discos más vendidos durante el mes de febrero de 1991.

La edición del vinilo de *Innuendo* tenía cambios de orden con respecto a la edición del CD y algunos temas se tuvieron que recortar por problemas de capacidad del formato. Paso con otros discos de la época como el *The Division Bell* de Pink Floyd.

Del disco se editaron cinco sencillos:

– «Innuendo / Bijou» el 14 de enero del 91.

– «I'm Going Slightly Mad / The Hitman» el 4 de marzo del 91.

– «Headlong / All God's People» el 13 de mayo del 91.

– «The Show Must Go On / Keep Yourself Alive» el 14 de octubre del 91.

– «These Are the Days of Our Lives / Bohemian Rhapsody» el 9 de diciembre del 91.

También se editaron singles con ediciones especiales para determinados países: «I Can't Live with You» solo en Estados Unidos, «Ride the Wild Wind» solo para Polonia y «Delilah» solo se distribuyó en Tailandia.

MADE IN HEAVEN (1995)
Parlophone (Europa)
Hollywood Records (EE.UU.)

Temas:

1. «It's a Beautiful Day». Freddie Mercury

2. «Made in Heaven». Mercury

3. «Let Me Live». Queen

4. «Mother Love». Brian May, Mercury

5. «My Life Has Been Saved». John Deacon

6. «I Was Born to Love You». Mercury

7. «Heaven for Everyone». Roger Taylor

8. «Too Much Love Will Kill You». May, Frank Musker, Elizabeth Lamers

9. «You Don't Fool Me». Mercury, Deacon

10. «A Winter's Tale». Mercury

11. «It's a Beautiful Day (Reprise)». Mercury

12. «Yeah». Queen

13. «13». Queen

Decimoquinto disco de Queen en estudio, dedicado íntegramente a Freddie Mercury, convirtiéndose en el primer disco póstumo de la banda. *Made in Heaven* contiene grabaciones de diferentes periodos, 1980, 1983, 1984, 1985 y 1991, recopiladas por los tres componentes vivos de Queen y regrabadas o terminadas en su estudio de grabación, Mountain Studios de Montreux y en Metropolis Studios de Londres, a principios de 1995.

El álbum está producido por David Richrads y Queen. Musicalmente hablando contiene temas del disco de Freddie Mercury, *Mr. Bad Guy*, siendo uno de ellos el tema que da nombre al trabajo, «Made In Heaven». También aparecen canciones que deberían haber ido incluidas en otros discos que por diferentes motivos, algunos legales, no se pudieron incluir en su día. Un ejemplo es «Let Me Live» que originalmente estaba pensada para ser incluida en *The Works*, con la colaboración de Rod Stewart, pero la compañía lo descartó porque se incluían unas estrofas del estribillo de «Piece Of My Heart» de Erma Franklin y podría vulnerar los derechos de autor. «Heaven For Everyone» es un tema compuesto por Roger Taylor junto a Joan Armatrading, que la banda llegó a grabar en 1987, pero un desacuerdo con Armatrading la dejó fuera del disco cuando no habían puesto las voces. Taylor la grabó con su grupo The Cross, pero el mismo día que la estaban grabando apareció por el estudio Mercury y les dio unas ideas de voz, que grabó como ejemplo. Al final salió en el disco haciendo coros, pero para este álbum se ha vuelto a grabar intercambiando los papeles y con Mercury como protagonista.

Es el último disco donde trabajó John Deacon, que dejó la banda al finalizar el álbum,para dedicarse enteramente a su vida familiar.

Todos los temas tienen una historia, y convierten a este disco en un puzzle emotivo, un disco de descartes y rarezas que por su carga sentimental ha sobrepasado su propia importancia.

El álbum llegó al nº 1 de las listas británicas nada más editarse el 6 de noviembre de 1995, alcanzando cuatro discos de platino. Tan solo en Europa vendió más de 7'5 millones de discos.

De *Made in Heaven* se editaron seis sencillos:

– «Heaven For Everyone / It's a Beautiful Day» el 23 de octubre de 1995.
– «A Winter's Tale / Thank God It's Christmas / Rock In Rio Blues» el 18 de diciembre de 1995.
– «Too Much Love Will Kill You / We Are the Champions / We Will Rock You» el 26 de febrero de 1996.
– «I Was Born To Love You» el 28 de febrero de 1996.
– «Let Me Live / Fat Bottomed Girls / Bicycle Race» el 17 de junio de 1996.
– «You Don't Fool Me» el 18 de noviembre de 1996.

2. Queen + Paul Rodgers

THE COSMOS ROCKS (2008)
Parlophone (Europa)
Hollywood Records (EE.UU.)

Primer disco en estudio de Queen con Paul
Rodgers (Free, Bad Company, The Firm) y
primero también sin John Deacon, por lo
que Queen queda reducido a dos miembros, Brian May y Roger Taylor.
Tras varias giras rememorando la música de Queen y dos discos en directo editados, *Return Of The Champions* en el 2005 y *Super Live In Japan* en
el 2006, se encierran a grabar *The Cosmos Rocks* en The Priory Recording
Studio, propiedad de Roger Taylor y en dos periodos comprendidos entre
noviembre de 2007 y agosto de 2008, graban el álbum con la ayuda en la
producción de Joshua J Macrae, Justin Shirley Smith y Kris Fredriksson.

Si bien en un principio se pretendió presentar como un nuevo disco de
Queen, finalmente se hizo bajo el proyecto Queen + Paul Rodgers. Los nuevos temas poco o nada tienen que ver con Queen y se trata de un disco de
hard rock clásico con buenas vibraciones pero escaso de emoción. Las críticas fueron muy dispares y las ventas no fueron extraordinarias. No obstante
el *Rock The Cosmos Tour* fue todo un éxito y recorrió entre el 12 de septiembre y el 29 de noviembre de 2008, Europa, Oriente Medio y Latinoamérica,
vendiendo más de un millón de entradas. Era la primera vez que Queen
volvía a Latinoamérica en 22 años.

Tras la gira del disco, el proyecto dejó de funcionar.

4. PROYECTOS INDIVIDUALES

1. Freddie Mercury

MR. BAD GUY (1985)
CBS (Europa)
Columbia (Estados Unidos)

Primer disco en solitario de Freddie Mercury, grabado a principios de 1983 y reto-
mado y terminado en enero de 1985, en los
Musicland Studios de Múnich, con la producción de Reinhold Mack, habitual de Queen en aquellos años, más el propio Freddie Mercury. *Mr. Bad
Guy* se editó el 25 de abril de 1985.

El disco se tardó tanto en grabar por las actividades de Queen, que siempre fueron prioritarias para Mercury; además, aparecieron problemas con-
textuales, ya que el disco tenía que ser un trabajo de duetos pero al final
se truncó la idea. Mercury grabó con Michael Jackson el primero de los
duetos con tres temas, «There Must Be More to Life Than This», «State of
Shock» y «Victory». No se sabe muy bien qué es lo que pasó entre los dos
vocalistas; hay quien apunta que Mercury se cansó del divismo de Jackson
y por el contrario otros apuntan que el americano se escandalizó de ver el
ritmo de consumo de estupefacientes que llevaba el británico. Sea como
fuere, la cosa terminó mal y en el disco aparece solo una versión cantada por
Mercury de «There Must Be More to Life Than This», Michael Jackson
grabó «State de Shock» para su nuevo disco pero con Mick Jagger. El tema

«Victory» permanece desaparecido hasta el momento. Tras la muerte de Michael Jackson, Brian May tenía intención de editar los tres temas, pero el aparato jurídico del difunto se lo impidió, tan solo pudo llegar al acuerdo de editar «There Must Be More to Life Than This», con las sesiones de grabación de la banda para el álbum *Hot Space* que era donde iba destinado el tema en un principio, y con la voz de Mercury y Jackson. El tema aparece en el recopilatorio *Queen Forever* con una mezcla de William Orbit, pero solo en el formato físico, ya que negaron la posibilidad de que el tema apareciera en las plataformas de música en streaming.

Mr. Bad Guy *es* un disco donde Mercury vuelca todas sus inquietudes de música electrónica, dance y toda su sabiduría en estudio. Eran los tiempos de *Hot Space* para Queen y si Mercury no se hubiera alejado de la banda para realizar este disco, es muy probable que el grupo se hubiera separado. Es como si *Mr. Bad Guy*, además de reivindicar una nueva faceta de Mercury, sirviera para mantener cohesionada la banda madre.

De este disco se editaron cuatro singles de gran éxito comercial.

– «I Was Born to Love You» el 9 de abril de1985.

– «Made in Heaven» el 1 de julio de 1985.

– «Living on My Own» el 2 de septiembre de 1985.

– «Love Me Like There's No Tomorrow» el 18 de noviembre de 1985.

Alcanzó el nº6 de las listas de discos más vendidos en el Reino Unido, permaneciendo 23 semanas en las mismas. También triunfó en Suecia, Japón, Holanda y Austria, y en menor medida en Estados Unidos que solo alcanzó la posición 159 del Billboard. Los temas «I Was Born to Love You» y «Made in Heaven», fueron rescatados por Queen para volver a interpretarlos con la aportación de Mercury e incluirlo en el disco póstumo *Made in Heaven*. Precisamente ese era el nombre pensado para este disco, *Made in Heaven*, aunque terminó por llamarse *Mr. Bad Guy*.

BARCELONA (1988)
Polydor (Europa)
Hollywood (Estados Unidos)

Segundo disco en solitario de Freddie Mercury, grabado conjuntamente con la soprano catalana Montserrat Caballé.

Cuando el Comité Olímpico Internacional concedió a Barcelona la sede de los juegos de 1992, Mercury escribió el tema «Barcelona» pensando en Montserat Caballé, por la que sentía una enorme admiración.

La admiración por Montserrat Caballé le vino a Mercury tras verla en un concierto en el Royal Opera House de Londres. Desde entonces soñó con poder unir sus dos pasiones, la ópera y el rock, tal y como contaba en

La admiración por Montserrat Caballé le vino a Mercury tras verla en un concierto en el Royal Opera House de Londres.

una entrevista en el año 87: «Este último par de semanas he estado trabajando con esta increíble mujer, Montserrat Caballé, es de Barcelona, me llamó y me dijo que le gustaría cantar conmigo, yo me caí de espaldas y pense ¡Oh, Dios Mio!, pero la adoro desde hace años. Cuando viajé recientemente a Barcelona, en un programa de televisión dije que era la mejor cantante del mundo y me encantaría poder cantar con ella, así que lo debió ver. Llamó a la oficina y dijo que le gustaría hacer cosas».

La propia Montserrat Caballé cuenta así su encuentro en el hotel Ritz de Barcelona: «Cuando lo conocí y se puso al piano a improvisar, me di cuenta de que estaba ante un músico, no de alguien que utiliza la claqueta tac-tac-tac... Además era una persona muy sencilla. No tenía nada que ver con lo que se veía en el escenario cuando cantaba con Queen». Se grabó en los Twonhouse Studios de Londres y en Mountain Studios de Montreaux, propiedad de Queen, entre enero de 1987 y junio de 1988 debido a la apretada agenda de los dos vocalistas. La producción corrió a cargo de Freddie Mercury, Mike Moran y David Richards. Todos los temas son de Mercury y Mike Moran, mientras que Montserrat Caballé solo añade la letra de «Ensueño». John Deacon fue el único miembro de Queen que colaboró colocando la línea de bajo en «How Can I Go On». El disco se editó el 10 de octubre de 1988.

La estrella del disco es sin lugar a dudas el tema «Barcelona», escogido por el Comité Olímpico Español como himno oficial de los juegos de 1992. Estaba previsto que el tema se interpretara en la ceremonia inaugural en directo por Freddie Mercury y Montserrat Caballé, pero Mercury no llegó a ver los juegos de Barcelona 92, falleció siete meses antes de su puesta en marcha.

Al final, en la ceremonia apareció Josep Carreras, otro tenor catalán, y cantó el tema «Amigos para siempre», pero el Comité Olímpico y el Ayuntamiento de la ciudad de Barcelona impusieron que todas las conexiones televisivas de los juegos debían de ir precedidas del tema «Barcelona».

«Barcelona» solo lo interpretaron dos veces en público. El 29 de mayo de 1987 en el Ku Club de Ibiza y el 8 de octubre de 1988 en Barcelona, en un escenario situado en la fuente de colores de Montjuïc. En los dos casos fueron actuaciones en *playback*.

El 26 de mayo de 1999, en el acto inaugural de la Champions League que se celebró en el Nou Camp de Barcelona, Montserrat Caballé también interpretó el tema en *playback* con Freddie Mercury en las pantallas de vídeo del estadio.

El 3 de septiembre de 2012 se lanzó una edición especial del álbum, en la que se volvió a grabar con la Prague Philharmonic Orchestra, los arreglos orquestales fueron de Stuart Morley, director del musical *We Will Rock You*, y productor de este disco. Lo interesante de la nueva edición es que aparecen las demos que Mercury enseñó a Caballé y la sesión de improvisación del hotel Ritz como «Exercices in Free Love».

Del álbum se editaron solo tres singles:

– «Barcelona» el 26 de octubre de1987.
– «The Golden Boy» el 24 de octubre de 1988.
– «How Can I Go On» el 23 de enero 1989.

Barcelona alcanzó la posición 15 en la lista de ventas del Reino Unido, alcanzando el disco de oro. Donde obtuvo un mayor éxito fue en Japón y Suecia, que llegó al n° 1 de las listas, así com en Suiza que obtuvo el disco de platino. Incomprensiblemente en España se hizo muy popular pero no entró en listas de forma relevante.

Freddie Mercury tan solo editó dos discos de larga duración, LP's, pero la industria ha generado un gran número de trabajos que no dejan de ser remezclas, revisiones, remasterizaciones o recopilaciones, algunas de muy dudoso gusto. Oficialmente esta es la lista de discos editados tras su muerte:

– 1992: *The Freddie Mercury Album*
– 1992: *The Great Pretender*
– 1993: *Remixes*
– 2000: *The Solo Collection*
– 2006: *Lover of Life, Singer of Songs – The Very Best of Freddie Mercury*
– 2012: *Barcelona. The Special Edition*
– 2016: *Messenger of The Gods. The singles Collection*

2. Brian May

STAR FLEET PROJECT (1983)
EMI

Proyecto del guitarrista de Queen, Brian
May, que contó con la colaboración de el
guitarrista Eddie Van Halen, el batería Alan
Gratzer de REO Speedwagon, Phil Chen
bajista de la sesión que tocó con Jeff Beck
y Rod Stewart entre muchos otros y Fred Mandel teclista de sesión que
participó en las giras de presentación de *Hot Space* y *The Works* de Queen.
El proyecto se llamó Brian May + Friends, y desde el principio no tenía
intención de continuidad.

Grabado los días 21 y 22 de abril de 1983 en el Record Plant Studios de
Los Ángeles, California, fue editado en octubre del mismo año como Mini-
LP, bajo la producción de Brian May.

Star Fleet Project se basa en una serie infantil de ciencia-ficción británica,
la sintonía es de Paul Bliss, quien compuso también el primer tema del disco
«Star Fleet» de más de 8 minutos de duración y que cuenta con los arreglos
de Brian May. Los otros dos temas son «Let Me Out», original de May y
«Blues Breaker», un corte de casi 13 minutos donde Brian May y Eddie Van
Halen rinden homenaje a Eric Clapton, con una increíble improvisación.

BACK TO THE LIGHT (1992)
Parlophone (Europa)
Hollywood (USA)

Segundo trabajo discográfico de Brian May
fuera de Queen y primer álbum completo
bajo su propio nombre. El disco tardo en
grabarse varios años, debido a problemas
personales del músico que acabaron con el divorcio de su primera mujer
y la enfermedad de su amigo y compañero, Freddie Mercury, sobre el que

se volcó May los últimos años de su vida. El álbum comenzó a grabarse a principios de 1988 y se terminó durante 1992, corriendo con la producción el propio músico y contando para el cierre final con Justin Shirley-Smith, que había sido pieza clave en la producción de sonido de Queen desde *The Miracle* y las reediciones posteriores de discos clásicos de la banda.

Back To The Light se editó el 28 de septiembre en Europa y el 2 de febrero de 1993 en Estados Unidos.

El álbum obtuvo un gran éxito y alcanzó el Top 10 con sus dos primeros singles, «Too Much Love Will Kill You» y «Driven by You». De «Too Much Love Will Kill You» fue editada por Queen en *Made In Heaven* y May grabó otra versión instrumental del tema. Con este tema pasó igual que con «Headlong», canciones que May preparaba para su lanzamiento en solitario, pero que cuando Mercury las escuchó las quiso cantar. «Headlong» entró en *Innuendo* y May la desechó de este disco y con «Too Much Love Will Kill You» la volvió a grabar.

El disco tuvo problemas de censura de la propia compañía de discos, el tema «Love Token» fue censurado en dos ocasiones; la frase «shit for brains» (mierda de cerebros) fue sustituida por «meat for brains» (carne de cerebros), mientras que «well, fuck you» (bien, jódete) se cambió por «that's a shame» (es una vergüenza). La versión sin censura solo se publicó en un CD promocional incluido con la revista *RCD Magazine*, concretamente en «RCD CLassic Rock Collection Vol. 4», incluyendo temas de The Beatles, The Cult, Status Quo, Small Faces y Humble Pie entre otros.

La canción «Just One Life» fue compuesta en memoria de Philip Sayer, actor irlandés que murió de cáncer en 1989 y por el que Brian May sentía admiración. No llegó a conocerle nunca, pero asistió a su entierro y después compuso este tema.

Del disco se editaron cinco singles:
- «Driven by You / Just One Life (Instrumental)» Noviembre de 1991
- «Too Much Love Will Kill You / I'm Scared» Agosto de 1992
- «Back to the Light / Nothin' But Blue» Noviembre de 1992
- «Resurrection / Love Token / Too Much Love Will Kill You (Live)» Junio de 1993
- «Last Horizon / Let Your Heart Rule Your Head (Live)» Diciembre de 1993

Lo mejor de *Back To The Light* fue la gira que realizó Brian May. Había muchas ganas de ver algo relacionado con Queen y May se llevó toda la atención de los fans.

La gira comenzó con cinco conciertos en Latinoamérica, que significaron la puesta en marcha de la banda y del repertorio, sobre todo preparando la gira de Estados Unidos.

– 1.11.1992 Buenos Aires, Argentina
– 3.11.1992 Santiago de Chile, Chile
– 5.11.1992 Montevideo, Uruguay
– 6.11.1992 Buenos Aires, Argentina
– 9.11.1992 Río de Janeiro, Brasil

En el concierto de Chile hubo muchos problemas de sonido que afectaron al músico hasta el punto de parar el concierto en un solo de guitarra y decir: «¡Así es imposible tocar, no voy a hacer el solo!».

Entre febrero y abril del 93 realizó una gira por Estados Unidos con 22 conciertos, aunque la mayoría fueron teloneando a Guns'n'Roses.

El resto del año le sirvió para realizar la gira Europea con 66 conciertos, que acabaron el 18 de diciembre del 93 en Oporto, Portugal.

ANOTHER WORLD (1998)
Parlophone (Europa)
Hollywood (USA)

Segundo álbum de Brian May en solitario, grabado con parte de la banda que le acompañó de gira en el anterior, *Back To the Light*, sobre todo Cozy Powell a la batería y Neil Murray al bajo. El disco fue grabado en casa de Brian May en un periodo de dos años, del 96 al 98. Comenzó nada más terminar la edición de *Made In Heaven* de Queen. El disco se editó en el Reino Unido el 1 de junio de 1998 y el 15 de septiembre de ese año en los EE.UU.

En un principio *Another World* estaba pensado como un disco de versiones, donde Brian May quería tocar con sus amigos e ídolos algunas de sus canciones favoritas. Por eso aparece Ian Hunter como invitado especial en «All The Way From Memphis», un tema que él compuso para Mott The Hopple. También colabora Jeck Beck, pero en un tema de May, «The Guv'nor». Las otras versiones que ser publicaron con el disco fueron «Slow Down» de Larry Williams y «One Rainy Wish» de Jimi Hendrix. En Japón se incluyó «Hot Patootie» de la banda sonora de *The Rocky Horror Picture Show*.

Poco antes de terminar de grabar el disco falleció en accidente automovilístico Cozy Powell, batería y gran amigo de May, por lo que para el final de la grabación y la posterior gira, se incorporó Steve Ferrone.

Aunque Brian May realizó una extensa gira por Europa, Australia y Japón, donde se publicó una edición especial de *Another World* con dos temas extras, el disco no tuvo la repercusión de *Back To The Light*, tan solo alcanzando la posición 26 del TOP británico, gran diferencia frente al sexto puesto del anterior trabajo. En Estados Unidos no entró en listas destacadas.

Brian May también compuso la banda sonora de la película *Furia*. Un drama romántico dirigido por el francés Alexandre Aja en 1999, en el que el guionista Grégory Levasseur adaptó a la ciencia-ficción el cuento *Graffiti* de Julio Cortázar.

3. Roger Taylor

FUN IN SPACE (1981)
Parlophone (Europa)
Elektra Records (USA)

Primer álbum en solitario del batería de Queen, Roger Taylor, grabado en los Mountain Studios de Montreaux, Suiza. El disco lo compuso y produjo Roger Taylor al completo, entre los descansos de las giras de promoción de *The Game* y *Flash Gordon*, entre 1978 y 1981.

Como broma, el disco contiene una leyenda en créditos que reza «P.P.S. 157 synthesizers», en clara contraposición a las que imprimía Queen en sus contraportadas que afirmaban que no se utilizaban sintetizadores.

Roger Taylor grabó todos los instrumentos y voces del disco.

Fun In Space se editó el 18 de abril del 81 en el Reino Unido y el 9 de mayo en Estados Unidos. Entró directamente en el nº 18 del TOP británico y permaneció en listas durante cinco semanas.

La portada del disco la realizó Hypgnosis, popular colectivo de artistas de diseño gráfico que han trabajado en infinidad de portadas de discos, entre las que podríamos destacar el *Whis You Where Here, Dark Side Of The Moon*,

Obscured By Clouds y *Meddle* de Pink Floyd, *Houses Of The Holy* y *Presence* de Led Zeppelin, *Phenomenom* y *Force it* de UFO, así como gran cantidad de bandas como Bad Company, Black Sabbath, Genesis y Electric Light Orquestra entre muchas otras.

La portada muestra a un extraterrestre leyendo un cómic en el que Roger Taylor es protagonista, y la contraportada es la misma imagen pero al contrario, siendo Taylor quien lee. La tipografía extraterreste de la portada son caracteres hebreos al revés que no tienen ningún sentido ni explicación.

Se editaron dos singles del disco:
– «Future Management / Laugh Or Cry» el 30 de 1981, tan solo en Europa.
– «Let's Get Crazy / Laugh Or Cry» el 15 de mayo de 1981, en USA, Canadá y Australia.
– «My Country / Fun In Space» el 29 de junio de 1981, solo en Inglaterra.

STRANGE FRONTIER (1984)
Parlophone, EMI, Capitol

Segundo disco en solitario de Roger Taylor, grabado en Musicland Studios de Múnich y en Mountain Studios de Montreaux, en periodos cortos de 1983 y durante el proceso de grabación del álbum *The Works* de Queen en 1984. Se editó el 25 de junio de 1984.

Otra vez vuelve a ocuparse de las tareas de producción, pero ayudado en esta ocasión por David Richards y Reinhold Mack, colaboradores habituales de Queen aquellos años.

Taylor se encarga de grabar todos los instrumentos del disco, pero cuenta con colaboraciones puntuales en algunos temas de sus compañeros de Queen Freddie Mercury (voces y piano), John Deacon (bajo), Brian May (guitarras) y Rick Parfitt de Status Quo (guitarra rítmica).

El disco es mucho más pesado y complejo que el anterior, pero no refleja la faceta rockera de Taylor y se centra mucho más en su aspecto más pop.

Como curiosidad, el tema «I Cry for You (Love, Hope and Confusion)», presenta bases de batería, progresiones de acordes y armonías de caja de ritmos, que serían utilizadas, prácticamente copiadas en el tema «Radio Ga

Ga». El álbum contiene dos versiones. «Racing In The Street» de Bruce Springsteen y «Master Of War» de Bob Dylan. El resto de los temas son temas compuestos por el propio Taylor.

De *Strange Frontier* se editaron tres singles:
– «Man On Fire / Killing Time» el 4 junio de 1984.
– «Strange Frontier / I Cry For You» el 30 julio de 1984.
– «Beautiful Dreams / Young Love» en agosto del1984, solo en Portugal.

HAPPINESS? (1994)
Parlophone, EMI

Tercer trabajo en solitario del batería de Queen, Roger Taylor. Se trata del primer disco original de un miembro de Queen editado tras la muerte de Freddie Mercury; la compañía discográfica editó en 1992, meses después de la muerte de Mercury, un álbum recopilatorio de muy mal gusto, llamado *The Freddie Mercury Album*.

Fue grabado a finales de 1993 y principios de 1994, casi todo el disco se registró en el estudio casero de Roger Taylor. El disco se editó el 5 de septiembre de 1994.

Todos los temas están compuestos por Taylor, salvo «Foreign Sand» que surge de una colaboración con el músico japonés Yoshiki, compartiendo autoría con él. Curiosamente, el álbum despertó una gran polémica con el primer tema del disco «Nazis 1994», fue escogido por Roger Taylor como primer single, pero se consideró que tenía lenguaje polémico y obsceno y fue prohibido en las emisoras de radio británicas, se prohibió hacer publicidad del mismo y muchas tiendas se negaron a venderlo. Curiosamente, la prohibición aumentó las ventas y fue su mejor publicidad. La letra de «Nazi 1994» contenía este tipo de mensajes:

«Están diciendo que nunca sucedió / Tenemos que parar a estos nazis apestosos / Y dicen que no sucedió / Lo que los nazis hicieron a los judíos / Piensan que pueden volver por segunda vez / Entonces nos dieron diferentes vistas / Tenemos que parar a estos nazis apestosos»

Del álbum se editaron tres singles en1994, «Nazis 1994», «Foreign Sand» y «Happiness?».

ELECTRIC FIRE (1998)
EMI, Parlophone

Cuarto disco de Roger Taylor en solitario, grabado bajo las órdenes de Joshua J. Macrae, con quien compartió las tareas de producción, en los At Cosford Mill Studios de Surrey, Inglaterra. Se editó el 28 de septiembre de 1998.

Electric Fire es posiblemente el mejor disco de todos los que editó en solitario Roger Taylor, donde su vertiente creativa se extrapola de forma magnífica y con un sonido muy contundente. Desgraciadamente no tuvo apenas apoyo de la compañía discográfica. A ello le debemos sumar la guerra que mantenía Taylor contra Rupert Murdoch –magnate multimillonario y propietario del diario *The Daily Mirror*–, que pretendía hacerse con el club Manchester United FC, aunque la comisión de la competencia británica lo impidió.

Taylor había grabado un tema en su anterior disco, llamado «Dear Murdoch» y volvería a rescatarlo como cara B de un single de este disco. Esta particular disputa con un gigante de los medios de comunicación penalizó de forma importante la difusión del álbum y su repercusión. Hasta el punto de que Taylor no quiso salir de gira y declaró que sería el último disco que iba a grabar en solitario.

Del álbum destaca por encima del resto la maravillosa versión del tema de John Lennon, «Working Class Hero». Tan solo se editaron dos singles de este disco: «Pressure On» y «Surrender».

FUN ON EARTH (2013)
Virgin, EMI

Quince años después de la edición de *Electric Fire* y con la mitad de las baterías de *Cosmos Rocks* (el disco de estudio de Queen + Paul Rodgers) grabadas, Taylor entró a grabar un nuevo álbum. Entre 2008 y 2013 se grabaron las trece canciones de *Fun On Earth*, compartiendo de nuevo la producción junto a su amigo Joshua J. Macrae y contando con la colaboración de Jeff Beck y su hijo Rufus Taylor en sendos temas.

El disco se publicó el 11 de noviembre de 2013, justo cuando Queen ya estaba trabajando con el nuevo proyecto Queen + Adam Lambert.

Es un álbum muy extraño y muestra una visión de Taylor muy alejada de lo que los fans de Queen esperaban. Un músico muy combativo, preocupado por la perdida de libertad personal y la brutalidad del ser humano. Roger Taylor hacía estas declaraciones en referencia a la dureza de los textos del disco: «Somos espiados por 5 millones de cámaras. Tenemos miles de pequeñas normas y reglamentos nuevos que antes jamás existieron y no me sorprende que la gente esté desconcertada y confundida. Como una nación que posee casi todo, como agua, electricidad, gas, espacio aéreo y fabricantes, la intimidad personal ya no existe. Estamos manejados. Yo ya estoy cansado, seguro que tu también».

De *Fun On Earth* se editaron cuatro singles, «The Unblinking Eye (Everything Is Broken)» en 2009, previo a la edición del álbum y los otros tres durante el 2013: «Sunny Day», «Up» y «Be with You».

The Cross

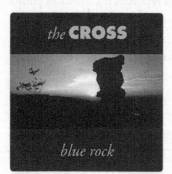

Roger Taylor creo una banda llamada The Cross al terminar la gira *The Magic Tour*. En 1987 publicitó en prensa audiciones para reunir una serie de músicos con intención de crear un grupo ajeno a Queen y en el cual su rol sería muy diferente. Lo primero que encontramos en The Cross es que Taylor abandona la batería y se centra en la guitarra y en cantar como voz principal, mientras que el sonido es mucho más rockero que el que desenvolvería en sus discos como Roger Taylor. Editaron tres álbumes y realizaron pequeñas giras de conciertos por el Reino Unido y sobre todo Alemania. En su primer disco colaboraron Freddie Mercury y Brian May, pero ninguno de los trabajos tuvo una repercusión importante en listas.

Cuando falleció Mercury el tercer álbum estaba preparado para lanzarse en Inglaterra y por primera vez en Estados Unidos, pero se suspendió su edición para dar salida al revival que la muerte de Freddie ejercería sobre Queen. Esto fue lo que definitivamente cerró la trayectoria de la banda.

La discografía de The Cross es:

– *Shove It* . Virgin, 1988
– *Mad, Bad and Dangerous to Know*. EMI, 1990
– *Blue Rock*. EMI, 1991

4. John Deacon

Siempre se especuló con la intención de John Deacon de hacer algo en solitario, pero jamás mostró la menor intención de entrar en un estudio para grabar algo por su cuenta y tras la edición de *Made In Heaven*, dejó clara su intención de abandonar la música.

La única referencia editada que se le conoce es un single con el tema «No Turning Back», grabado por una banda que formó llamada The Inmortals y en la que militaban John Deacon al bajo, Robert Ahwai como guitarra y Lenny Zakatek a la voz, junto a unos cuantos músicos de sesión.

El tema se incluyó en la banda sonora de la película *Biggles*, donde John Deacon aparece con un pequeño papel.

Tras esta grabación, que se editó en 1986 por MCA, no se le conoce ningún otro registro fuera de Queen.

5. FILMOGRAFÍA RECOMENDADA DE QUEEN

Ya hemos podido descubrir en el apartado dedicado a la biografía del grupo, las incursiones que realizó en el cine. La más importante fue, sin duda alguna, *Flash Gordon* de Dino De Laurentiis, donde recrearon todo un álbum de estudio. Años más tarde Russell Mulcahy, popular realizador australiano de videoclips de Elton John, Duran Duran, Bonnie Tyler o el famoso «Video Killed the Radio Star» de The Buggles, se embarcó en la dirección de una cinta de ciencia-ficción llamada *Highlander (Los Inmortales)* y contó con Queen para hacer la banda sonora, parte de la cual aparece en el álbum *A Kind Of Magic*.

A parte de esas dos implicaciones directas en el cine, con la participación de toda la banda pero dirección en ambos casos de Brian May, Queen ha distribuido su música por un gran número de celuloides entre los que cabría destacar la famosa escena del coche de *Wayne's World*, en la cual el personaje de Wayne (Mike Mayers) y sus colegas realizan una estupenda coreografía con la música de «Bohemian Rhapsody».

También sobresale la aparición del tema «We Are The Champions» en el film de ambientación medieval *A Knight's Tale*, donde Brian May y Roger Taylor realizaron una nueva grabación con Robbie Williams de vocalista.

Además, algunas de las cintas donde aparece música de Queen de forma más destacada son *Zombies Party* con «Don't Stop Me Now» y «You're My Best Friends», *Grosse Pointe Black* con «Under Pressure», *Mouling Rouge* colocando «The Show Must Go On», *Super Size Me* con «Fat Bottomed Girls», *Alta Fidelidad* con otra vez «We Are The Champions» y *Un Domingo Cualquiera* con el impactante «We Will Rock You» entre muchísimas otras.

Hablar de su videografía es prácticamente imposible, ya que es muy numerosa y variada. Aquí os vamos a hacer una pequeña relación de 10 cintas atractivas que se pueden encontrar en el mercado.

Greatest Flix

1981

Recopilación de videoclips desde «Killer Queen» de *Sheer Heart Attack*, a «Another One Bites The Dust» del álbum *The Game*. Un total de 17 vídeos y algunos extras muy interesantes como la actuación del programa de televisión *Top Of The Pops* interpretando «Killer Queen».

Greatest Flix II

1991

Segunda recopilación de videoclips oficiales que abarca desde «Under Pressure» del álbum *Hot Space* al último videoclip el álbum *Innuendo*, «The Show Must Go On». Un total de 18 videoclips en un trabajo donde los extras no son demasiado atractivos. Los dos trabajos salieron en diferentes formatos y unidos como entrega única.

Live At The Rainbow'74

1992

Extraordinario documento que refleja los conciertos realizados por la banda en el Rainbow Theatre de Londres los días 19 y 20 de noviembre de 1974. Está la grabación original con multicámara, una versión más reducida con sonido mejorado que se exhibió en los cines en 1976.

Live In Madrid 1979

2014

Importante documento videográfico que recoge la segunda visita de Queen a España y primera en Madrid. El sonido es horroroso, pero como documentación no tiene desperdicio. Incluye una entrevista del periodista Ángel Casas de Televisión Española. La grabación de vídeo incluye varias cámaras, pero el sonido parece extraído del ambiente. solo recomendado para auténticos fans.

Live At Concert For People Of Kampuchea
2010

Actuación de Queen en el Hammersmith Odeon de Londres, el 26 de diciembre de 1979, dentro de los conciertos organizados por Paul McCartney para ayudar al pueblo de Kampuchea. Hay dos DVD's diferentes, el primero es la mezcla original que en su día realizó la BBC y en el segundo es una remezcla de 2010 con más metraje, con una mejora considerable en el audio con sonido estéreo y la inclusión de una pista con el sonido del público.

Live In Argentina 1981. The Complete Tour
2014

Fabuloso documento en doble DVD que puede llevar a errores. Si bien es cierto que es un exhaustivo resumen de todo el tour argentino de 1981, no todo está reflejado en vídeo y hay algunos conciertos que son solo en audio. El concierto del 28 de febrero en Buenos Aires, el del 4 de marzo en Mar del Plata, el del 6 de marzo en Rosario y el del 8 de marzo de nuevo en Buenos Aires, son solo registros de audio de buena calidad, pero sin vídeo. Tan solo está en vídeo el concierto el 1 de marzo en Buenos Aires, además de un apartado de extras formidable para coleccionistas, que incluye la rueda de prensa de Queen, un pequeño documental del tour, una anécdota de Queen junto con Maradona en camerinos y diferentes vídeos curiosos del entorno.

Live In Caracas 1981
2009

Se trata de la única versión completa de la actuación que Queen ofreció en Caracas, Venezuela, el 27 de septiembre de 1981. La calidad de vídeo

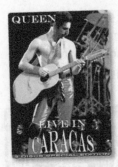

y sonido son muy buenas gracias a una remasteriza-
ción de todo el trabajo. Incluye el concierto completo
y algunos extras de interés como son entrevistas con la
banda, las pruebas de sonido y el vídeo promocional de
la televisión venezolana.

Rock In Rio Special
2008

Extraordinaria recopilación de los dos conciertos ofre-
cidos en Brasil en el año 85, los días 12 y 19 de enero.
Audio y vídeo restaurados a una calidad profesional,
acompañados además de un Laser Disc. Contiene
grandes extras como las entrevistas de *Brazilian TV* y
un reportaje espectacular de la *MTV Japón*.

Magic In Budapest
2015

El 27 de julio de 1986 Queen ofreció en el Nepsta-
dium de Budapest el mayor concierto realizado en el
bloque del Este. 17 cámaras de la televisión húngara
estuvieron filmando la actuación. Contiene la versión
incompleta que se mezcló para los cines y además una
nueva versión completa y con todas las cámaras que se
utilizaron, en lo que posiblemente sea el concierto de Queen mejor filmado.

Final Magic. Live At The Knebworth Park 86
2007

Último concierto de Freddie Mercury celebrado el 9 de
agosto del 86 en Knebworth Park, al final de la gira de *The
Magic Tour*. Se trata de una versión restaurada con un audio de excelente calidad. Un concierto que terminó siendo
histórico por ser el último de la formación al completo.

6. CONCIERTOS MEMORABLES

Live Killers Tour'79

22 de febrero de 1979. Pabellón del Real Madrid, Madrid.

Grabado en directo

Durante 1978 Queen habían estado girando por Estados Unidos y Canadá en un total de 35 conciertos, se trataba del *Jazz Tour* en el cual la banda presentaba de forma oficial el disco del mismo nombre. El tour comenzó en Dallas el 28 de octubre y finalizó en Inglewood el 20 de diciembre.

Al finalizar el mismo decidieron que ya era hora de grabar un disco en directo y pensaron que la segunda parte del tour por Europa y Japón, sería la adecuada para hacerlo.

El tour se denominó *Live Killers Tour* que era el nombre del trabajo discográfico que iban a editar al finalizar. Un total de 29 conciertos en Europa y 15 en Japón de donde salieron las grabaciones que la banda mezcló en los Mountain Studios de Montreux, propiedad de Queen y que se puso en circulación el 26 de junio de ese mismo año.

En España se celebraron 4 conciertos organizados por la agencia Gay & Company de Neo Sala, la promotora de conciertos más importante que existía en el pais en aquellos años. Dos actuaciones se celebraron en el Palacio Municipal de Deportes de Montjuïc en Barcelona los días 19 y 20 de febrero y otras dos en el Pabellón del Real Madrid en la capital los días 22 y 23 de febrero.

Queen era una banda con gran cantidad de seguidores en nuestro país, pero todavía no era objeto de admiración como lo es actualmente o en sus

siguientes visitas. Posiblemente tenía más seguidores en Barcelona, donde ya había actuado el 13 de diciembre de 1974 en el tercer tour europeo que realizaban, presentando el disco *Sheer Heart Attack*. No obstante los cuatro conciertos tuvieron una fabulosa entrada y se puede considerar todo un éxito esta segunda visita por tierras españolas.

El repertorio de Queen era el mismo que la gira americana, tan solo se cambio un tema, «Fat Bottomed Girls» que se dejó de tocar en algunos conciertos, aunque no en España y «Don't Stop Me Now» que no se tocó en la gira americana y si en la europea.

La banda estaba en un momento espléndido con un *background* impresionante a sus espaldas y en la antesala de convertirse en una banda de grandes estadios y un éxito multitudinario en emisoras de radio y televisión. Pero España iba como los cangrejos, para atrás. Los números 1 en febrero de 1979 (teniendo como referencia a la cadena Los 40 Principales) fueron «Acordes» del dúo romántico Pecos, un tema de 1967 como «Sgt. Pepper's Lonely Hearts Club Band» de The Beatles, y el conocidísimo «Y.M.C.A» de Village People.

Con este panorama no es de extrañar que las críticas vertidas por los profesionales de la prensa no fueran muy favorables y en ocasiones bastante surrealistas, como la del periodista José Manuel Costa en *El País* que tenía joyas como: «Mercury es una especie de Jagger de segunda división. Su cara afilada, cuando se ve de perfil posee un cierto aspecto leporino, como de conejo chirriante. No canta ni muy bien ni muy mal, pero como el técnico de sonido que llevan, es un mago, resulta que incluso da el pego... Estuvo dando saltos, por aquí y por allá y de cuando en cuando se acercaba al piano para dar tres acordes (tenía, incluso un *roadie* para cogerle el micro cuando se sentaba)».

No solo fue Mercury el afortunado de sus elogios, también recibió Brian May: «Brian May, por su parte, se las pegaba de Hendrix, Townsend o cualquiera de los grandes acopladores de la guitarra eléctrica. Lo malo es que se pierde tanto en los efectos que cuando quiere hacer algo de música (que sabe) ya no le quedan tiempo ni ganas».

Pero más descarada es la definición de Queen que dió Manolo Tena, responsable del espacio musical *Popgrama*, de la segunda cadena de TVE, que estaba en antena precisamente en las fechas de los conciertos de Madrid y Barcelona.

«Siempre me pareció uno de los grupos más deleznables del siglo XX, cuyos álbumes eran de una ampulosidad rayana en el ridículo, con pretensiones operísticas, consecuencia del complejo de soprano que padecía su líder, Freddie Mercury, cuyos gritos de histerismo rockero no tenían nada del espíritu que animó a la Reina del Rock And Roll: Little Richard. Y no hablemos del ropaje, superado únicamente por Elton John».

Si realmente queremos leer cosas más cercanas a la realidad de la visita de Queen en nuestro país, debemos remitirnos al número de abril del 79 de la revista *Popular 1*, una de las primeras en apoyar a la banda en España y que publicó un extraordinario reportaje de la visita y le dedicó el póster central del número.

Repertorio. «We Will Rock You». «Let Me Entertain You». «Somebody to Love». «Death on Two Legs (Dedicated to...)». «Killer Queen». «Bicycle Race». «I'm in Love with My Car». «Get Down, Make Love». «You're My Best Friend». «Now I'm Here». «Don't Stop Me Now». «Spread Your Wings». «Dreamer's Ball». «Love of My Life». «'39». «It's Late». «Brighton Rock». «Fat Bottomed Girls». «Keep Yourself Alive». «Fun It». «Bohemian Rhapsody». «Tie Your Mother Down». «Sheer Heart Attack». «We Will Rock You». «We Are the Championsç. «God Save the Queen».

Concerts For The People Of Kampuchea

26 de diciembre de 1979. Hammersmith Odeon, Londres.

Concierto benéfico

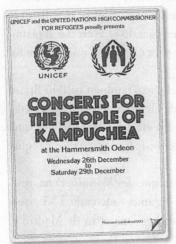

El 15 de julio de 1979 caía derrocado el régimen de los Jemeres Rojos de la llamada Kampuchea Democrática y el mundo descubrió horrorizado lo que se temía, uno de los genocidios más extremos y crueles de la historia de la humanidad. Entre 1975 y 1979 el régimen de los Jemeres Rojos con el dictador Pol Pot a la cabeza diezmó un cuarto de la población de Kampuchea, asesinando entre un millón y medio y tres millones de personas.

Cuando el régimen cayó, Kampuchea era uno de los países más pobres del mundo, sin recursos para sobrevivir, sin infraestructuras y con una involución que la había trasladado a la edad media. Con esta situación y dependiendo totalmente de la ayuda internacional para subsistir, el secretario general de la ONU, Kurt Waldheim, solicitó a Paul McCartney la organización de un evento para recaudar fondos de ayuda a la población. McCartney, que estaba finalizando el tour de *Back to The Egg de Wings* organizó tres días de conciertos en el Hammersmith Odeon de Londres bajo el nombre de *Concerts For The People Of Kampuchea*.

Rápidamente se ofrecieron grandes estrellas del firmamento musical para apoyar la causa, configurando un cartel extraordinario que lo transmorfaron en uno de los acontecimientos musicales más importantes de final de década.

El jueves 27 de diciembre actuaron Ian Dury and the Blockheads con Mick Jones y Sweet Gene Vincent, Matumbi y The Clash. El viernes 28 de diciembre les tocó el turno a The Pretenders, The Specials y The Who.

Mientras que se cerraba el festival el sábado 29 de diciembre con las actuaciones de Elvis Costello & The Attractions, la banda Rockpile, que estaba compuesta por Led Zeppelin sin Jimmy Page, Wings y la Rockestra, banda formada por los propios Wings acompañados de un tremendo listado de músicos: Denny Laine, Laurence Juber, David Gilmour, Hank Marvin, Pete Townshend (guitarristas), Steve Holley, John Bonham, Kenney Jones (baterías), Paul McCartney (piano), John Paul Jones, Ronnie Lane, Bruce Thomas (bajistas), Gary Brooker, Linda McCartney, Tony Ashton (teclistas), Speedy

Acquaye, Tony Carr, Ray Cooper, Morris Pert (percusionistas), Howie Casey, Tony Dorsey, Steve Howard, Thaddeus Richard (instrumentos de viento).

Queen fueron invitados por Paul McCatney pero tenían problemas para poder tocar debido a que estaba finalizando el *Crazy Tour* con seis conciertos en Londres ese mes de diciembre, pero quisieron participar y cuando tenían todo vendido de sus conciertos se apuntaron a *Concerts For The People Of Kampuchea*. Al tener los tres días cerrados y con bandas que realizarían conciertos extremadamente largos, como las casi tres horas de The Who, era prácticamente imposible incluirles dentro del cartel, por lo que se optó por añadir un día más, el miércoles 26 de diciembre con la actuación de Queen como único grupo.

Por la importancia del evento, por la mentalización e implicación de los músicos y el público con el motivo y objetivo del mismo y porque Queen en el *Crazy Tour* había alcanzado la cumbre de su carrera hasta el momento y era una de las mejores bandas de directo en activo, la actuación de la banda fue memorable y está considerada como una de las mejores de su carrera.

Destacan las críticas de las interpretaciones de «Somebody To Love» y «We Are The Champions», las cuales afirman que jamás Freddie Mercury volvió a cantar como en aquella ocasión. Siendo el último concierto de la gira, después de diecinueve recitales en dos meses, Freddie sacó fuerza de dónde nadie esperaba y brilló más que de costumbre esa noche.

La banda estaba entregada al máximo, tanto que Roger Taylor olvidó frases de su tema «I'm In Love With My Car» y tuvo que salir en su apoyo Mercury y cantarla como solista en el inicio del tema.

La actuación se grabó para su posterior inclusión en el disco y vídeo del evento, además se editó un DVD de la actuación de la Reina, pero mutilado.

El concierto terminó con Freddie Mercury subido en un falso Superman, en una de las imágenes icónicas de final de década para Queen.

Repertorio. «Jailhouse Rock». «We Will Rock You». «Let Me Entertain You». «Somebody to Love». «If You Can't Beat Them». «Mustapha». «Death on Two Legs». «Killer Queen». «I'm in Love with My Car». «Get Down, Make Love». «You're My Best Friend». «Save Me». «Now I'm Here». «Don't Stop Me Now». «Spread Your Wings». «Love of My Lifeç. «'39». «Keep Yourself Alive». «Silent Night». «Brighton Rock». «Crazy Little Thing Called Love». «Bohemian Rhapsody». «Tie Your Mother Down». «Sheer Heart Attack». «We Will Rock You». «We Are the Champions». «God Save the Queen».

The South America Bites The Dust
28 de febrero de 1981. Estadio José Amalfitani de Velez Sarsfield,
Buenos Aires (Argentina).

Rock'n'roll entre tanques

Primera gira sudamericana de Queen envuelta por la polémica, ya que hubo quien criticó el hecho de que la banda actuara en Argentina, una dictadura conocida por violar los derechos humanos. También es cierto que tuvieron críticas positivas por intentar combatir, de forma simbólica, el ostracismo cultural al que estaba sometida la sociedad argentina.

Era febrero de 1981, en el poder se encontraba el autoproclamado teniente general Jorge Rafael Vileda, uno de los asesinos más sanguinarios de la historia reciente de América Latina. Juzgado y declarado culpable de numerosos crímenes contra la humanidad. Durante su mandato desaparecieron millares de personas, muchos de ellos fueron secuestrados y asesinados, los más afortunados encarcelados y torturados. También fue el responsable del robo y secuestro de miles de recién nacidos que fueron vendidos a familias ricas o entregados a simpatizantes del régimen.

En enero de 1981 Vileda estaba finiquitando su mandato de cinco años desde que derrocó al gobierno constitucional de María Estela Martínez de

Perón, pero todavía quedaban dos años para que se restaurara la democracia con Raúl Alfonsín. El 29 de marzo de ese mismo año fue sustituido por el general Roberto Eduardo Viola, que solo pudo aguantar en el cargo hasta el 11 de diciembre de ese mismo año.

El concierto de Queen despertó el interés de los medios de comunicación internacionales, por ser la primera visita de la Reina a Latinoamérica y por ser el primer gran grupo en tocar en la dictadura argentina. Invitados por la banda, se desplazaron números corresponsales de publicaciones generalistas, así como enviados especiales de publicaciones musicales como *Rolling Stone*, que mandó al prestigioso periodista y escritor James Henke, y que describió un escenario terrorífico de la situación vivida, con un estadio Velez rodeado de tanques y militares con metralletas.

En su crónica de la época cuenta como a un fotógrafo que se atrevió a hacerles una foto a los militares apostados en la entrada de periodistas del estadio, lo apresaron, le dieron una paliza y con un cuchillo le amenazaron de cortarle un dedo si no les daba el carrete. Ya dentro del estadio cuenta que «veo que los argentinos tienen una concepción más bien ingeniosa de cómo controlar multitudes: una fosa de dos metros de ancho y medio de profundidad bordea el perímetro del campo, llena de agua podrida y libélulas alrededor. Queen trajo su propio césped artificial para que los organizadores permitan entrar al público al campo».

Los conciertos de Buenos Aires no fueron precisamente buenos en sonido pero la banda supo compensar la falta de nitidez en su música, con actitud y fuerza en escena. Era su primera visita a Sudamérica y querían triunfar. Presentaban *The Game*, uno de los discos más rockeros del grupo y el repertorio era perfecto para hacer cuanto más ruido mejor.

Otras de las claves del concierto es el entusiasmo del público, que desde las primeras notas de «We Will Rock You» lo cantaron todo y tan fuerte que en muchas ocasiones Mercury dejó de cantar para que se escucharan los cánticos de los argentinos, como si de un partido de fútbol se tratara.

Una conocidísima revista argentina llamada *Radiolandia 2000. La Revista de Actualidades para toda la Familia*, que se vendía en Argentina, Uruguay y Paraguay, marcaba en portada una foto de Freddie Mercury con el titular «Todo el país se hizo hincha de Queen» dejando en el interior seis páginas de reportaje. Lo curioso del caso es que la parte moralista de la Argentina de 1981 también se dejaba ver en la misma revista, donde una periodista que firmaba una columna de opinión como *La Tía Matilde* escribía: «Qué raro que la Municipalidad no le aplicó a Mercury el código de moralidad al realizar la mayor parte del espectáculo en shorts y con el torso desnudo... ¡Hay de todo!».

Los conciertos de Argentina de 1981 estuvieron todos marcados por el mismo patrón, mal sonido, entusiasmo increíble del público, entrega esforzada de la banda y represión policial y militar fuera de los estadios. Pero de los cinco conciertos argentinos (tres en Buenos Aires, uno en Mar del Plata y otro en Rosario) el primero de ellos fue el más caótico e impactante, por ser la primera vez, por estar invitada la prensa extranjera y por no estar preparadas las fuerzas represivas argentinas para un evento de estas características.

Un total de 63.000 personas agotaron las entradas del Estadio José Amalfitani de Velez Sarsfield el 28 de febrero de 1981, y miles de fans que se quedaron sin entrada aguantaron fuera del estadio las cargas de la policía y el ejercito, tan solo para malescuchar a Queen y tener la oportunidad de verles a la salida, que fue todavía más caótica, aunque ciertamente curiosa y divertida.

Según contaba Jorge Fregonese, quien fue Coordinador de Seguridad de Queen en Argentina y guardaespaldas de Freddie Mercury en esos días, la salida del estadio de Velez de ese primer día fue como una película de cine negro: «La multitud era tan grande, que iba a ser peligroso para que la banda saliera en sus coches (cuatro Ford Fairlane). Me vino una idea... vaciamos una de las furgonetas de policía que estaban allí y la llenamos con la banda, los chicos de seguridad, Paul Prenter, Peter Freestone, Joe Fanelli... un total de 17 personas allí». Así lograron salir de las proximidades del estadio sin que la multitud los viera.

Pero mejor y más descriptivos eran los gritos de un Freddie Mercury exultante de felicidad dentro del furgón policial: «Me encanta esto, parecemos como prostitutas llevados a la cárcel después de ser detenidas por la policía».

Los conciertos de la primera gira sudamericana de Queen se cerraron con un extraordinario éxito, aunque el espectáculo por razones técnicas no fue el idóneo, pero siempre será recordado como una apoteosis magnífica donde Queen se rindió al público latino. Freddie Mercury dijo al terminar la gira: «Me encantó el público argentino. Yo estaba acostumbrado a otro tipo de reacciones, pero los argentinos son superlativos. Quiero volver siempre a Argentina».

Repertorio. «Intro». «We Will Rock You». «Let Me Entertain You». «Play The Game». «Somebody To Love». «Mustapha». «Death On Two Legs». «Killer Queen». «I'm In Love With My Car». «Get Down Make Love». «Need Your Loving Tonight». «Save Me». «Now I'm Here». «Dragon Attack». «Now

I'm Here». «Fat Bottomed Girls». «Love Of My Life». «Keep Yourself Alive». «Instrumental Inferno». «Flash's Theme». «The Hero». «Crazy Little Thing Called Love». «Bohemian Rhapsody». «Tie Your Mother Down». «Another One Bites The Dust». «Sheer Heart Attack». «We Will Rock You». «We Are The Champions». «God Save The Queen».

Gluttons For Punishment Tour'81
17 y 18 de octubre de 1981. Estadio de Beisbol Ignacio Zaragoza de La Puebla (México).

Un desastre de gira

Segunda parte de la gira sudamericana, preparada a conciencia por la banda que mejoró el equipo de sonido para que no se volvieran a repetir las deficiencias técnicas de los conciertos de Argentina en febrero.

Se trataba de una de las primeras bandas grandes en tocar en Latinoamérica, grupo de estadios deportivos, con audiencias que superaban los 40.000 asistentes, algo que en 1981 necesitaba una infraestructura y experiencia que desgraciadamente no poseían en América Latina.

La gira pasaba por Venezuela y México, pero desde un principio estuvo cargada de problemas. Los dos últimos conciertos de Caracas se suspendieron porque el ex-presidente de Venezuela, Ernesto Betancourt, falleció el 28 de septiembre y se decretaron tres días de duelo oficial, por lo que fue imposible ofrecer los dos últimos shows de Venezuela, con todas las entradas vendidas.

La banda se desplazó a México, donde realizarían tres conciertos, el primero en Monterrey y dos en La Puebla para finalizar el tour. Otro revés fue que José Rota, el promotor del tour, fue detenido con 11 personas del staff y la banda tuvo que abonar 25.000 dólares de fianza para poder continuar con la gira.

Queen se quejó de su visita a México por haber topado con unos niveles de corrupción que jamás habían imaginado. México estaba dirigido por el gobierno del presidente José López Portillo que había llevado al país a la ruina, devaluando la moneda en más de un 400%. El tour se celebró a un año escaso de la perdida del gobierno de Portillo que intentaba frenar sin éxito las protestas callejeras, impidiendo el derecho de reunión, lo que estuvo al borde de provocar la suspensión de toda la gira.

Los tres conciertos de México tenían todas las entradas vendidas, un total de 60.000 por noche, que en el caso de los dos conciertos de La Puebla debían sumarse las entradas falsas que circulaban con total impunidad. Otro de los problemas fue que el precio era unitario y de entrada general, por lo que dos días antes de los conciertos se improvisaron campamentos de fans esperando que se abrieran las puertas para alcanzar un buen lugar.

El 17 de octubre las autoridades de La Puebla tardaron en dar la orden de abrir las puertas del estadio, lo que provocó protestas y desordenes por parte de los fans que llevaban esperando dos días para entrar y que fueron reprimidos con fuertes cargas policiales, causando numerosos detenidos y heridos entre los seguidores de la banda.

Cuando las puertas del estadio Ignacio Zaragoza de abrieron hubo avalanchas organizadas para intentar colarse sin entradas, por lo que las autoridades ordenaron el cierre del estadio en un par de ocasiones.

A todo esto se sumó que los cacheos en las entradas impedían el acceso al recinto con bebidas alcohólicas y el personal se bebía toda su bodega antes de entrar en el recinto, provocando que gran cantidad del público de las primeras filas presentaran un nivel etílico bastante lamentable.

El concierto de Queen se basó en el mismo repertorio de la gira de febrero en Argentina y Brasil, pero el sonido estaba muy mejorado, con 150.000 watios de P.A.

La banda se entregó desde el principio y el público se olvidó de los problemas y se volcó con Queen. Noventa minutos de un concierto casi perfecto con un sonido brutal, un repertorio cantado por el público en su totalidad y un juego de luces y proyecciones que conseguían provocar la locura colectiva entre el público.

Cuando la banda interpretaba «Now I'm Here» un aficionado se saltó las escasas medidas de seguridad y fue a abrazar a Mercury, pero fue arrojado del escenario por uno de los asistentes, lo que provocó las iras de las primeras filas. Según cuenta el público de los conciertos, ese hecho provocó peleas en primera fila entre los propios asistentes al show.

Tras el tema «Tie your mother down» la banda desapareció brevemente para cambiarse de ropa y Freddie apareció con un sombrero mexicano de paja, modelo revolucionario, mariachi o de películas de western americano, lo que provocó las iras del mismo sector que comenzó a arrojar zapatos, comida e incluso calcetines y pantis llenos de arena.

Freddie se despidió del público con estas palabras: «¡Muchas gracias, Puebla!, ¡México thank you for the shoes, adiós amigos, mother fuckers, good bye, you bunch of tacos!».

El concierto del día siguiente transcurrió con total normalidad y sin problemas destacables, pero al finalizar la gira el gabinete de prensa de Queen ofreció un comunicado que decía: «Por consenso general los músicos y ayudantes de Queen designaron a México como la parte más horrenda de la gira debido a las trabas burocráticas, corrupción, instalaciones obsoletas, comida rara y agua de dudosa pureza».

El repertorio fue idéntico a la primera parte de la gira.

The Works Tour'84
Del 5 al 20 de octubre de 1984. Super Bowl, Sun City, Bophuthatswana (Sudáfrica).

En la lista negra de la ONU

Si existe un punto negro en la carrera de Queen, este es sin lugar a dudas la visita que realizaron en concierto a Sudáfrica. En 1984 Queen provocó una tremenda controversia a nivel mundial e incluso las Naciones Unidas lo colocó en una lista negra de artistas que tenía confeccionada. El motivo, actuar en Sudáfrica mientras todavía estaba vigente el apartheid.

Tras el final de la Segunda Guerra Mundial y la división del planeta en dos mitades, dando paso a la Guerra Fría, propició que las grandes potencias occidentales con Estados Unidos a la cabeza, apoyaran y mantuvieran la Unión Sudafricana como punto neurálgico de lucha contra el comunismo creciente en esa zona de África. Todo esto incluso sabiendo que el Partido Nacional, que ocupaba el poder, era simpatizante del ala más dura del partido nazi alemán y responsable de la implantación del apartheid, que en idioma afrikáans significa «separación o segregación».

Los Estados Unidos y el Reino Unido apoyaron militar y económicamente un régimen racista, cuyas principales bases eran:

– Derecho de voto, reservado únicamente para los blancos.

– solo los blancos podían viajar libremente por el país.

– Era legal que un blanco ganara más que un negro por el mismo trabajo.

– Los negros debían vivir en zonas alejadas de los blancos.

– Los negros debían estudiar en escuelas separadas de los blancos, y su educación debía ser limitada, etc.

– Y todo ello enmarcado en un régimen de terror y en un estado policial permanente y opresivo sobre la población negra.

La ayuda de los países occidentales y las grandiosas minas de oro y diamantes que el país poseía, les hizo superar sin problemas en bloqueo que se le impuso, sobre todo desde 31 de mayo de 1961, cuando fue expulsada de la Commonwealth y se declaró como la República de Sudáfrica.

El apartheid era un régimen totalitario y moralista que abarcaba mucho más que el racismo por el que era conocido a nivel mundial. Entre muchas otras medidas represivas estaba prohibido el juego, la pornografía y la embriaguez, pero como suele pasar con todas las teologías puritanas, moralistas e inquisidoras, tienen una puerta trasera secreta por donde saltarse sus propias normas. Sudáfrica agrupó una serie de reservas indígenas casi vírgenes y las convirtió en la república independiente de Bophuthatswana, reconocida internacionalmente tan solo por esa Sudáfrica del apartheid y allí creó Sun City.

Sun City era un complejo recreativo, con sus casinos y hoteles, se estrenó al mismo tiempo que se abría el Parque Nacional de Pilanesberg en una tierra propiedad de la tribu Bakgatla, de gran variedad paisajista. A Sun City se le llegó a conocer como Las Vegas de África e irónicamente, durante los años del apartheid se vendió como «sinónimo de libertad y diversión, una escapada a la estricta moralidad impuesta por los políticos».

Entre los muchos boicots que se establecieron en torno a Sudáfrica, el más feroz y cruel fue el impuesto por el mundo de la cultura, paradójicamente capitaneado por el sindicato de músicos británico y el americano, pertenecientes a los dos países que más habían ayudado al régimen sudafricano. El boicot prohibía la presencia de cualquier artista extranjero en el país y lo más injusto, la orden expresa de ignorar cualquier fenómeno o movimiento cultural, que no hacía otra cosa que imponer un segundo apartheid cultural a la raza negra.

Los sindicatos imponían sanciones a todo el que osara desafiar sus órdenes e incluso la ONU confeccionó una lista negra con los nombres de los que se habían saltado el boicot. En ese hit parade especial de las Naciones Unidas se encontraban artistas de la talla de Frank Sinatra, Elton John, Ray Charles, Shirley Bassey, Lizza Minelli, Julio Iglesias, Status Quo, Linda Rondstadt, Paul Anka y Cliff Richard, y a los que se sumó Queen. Todos ellos incluidos por actuar en el complejo de lujo Sun City.

Queen programaron una serie de conciertos en Sun City con la intención de tocar para audiencias no segregadas, algo que era complicado ya que el precio de las entradas era de 26 rands, alrededor de unos 15 dólares americanos, un precio muy elevado para el poder adquisitivo de la población negra. No obstante Queen obligó a regalar centenares de entradas entre la población negra, lo cual nunca se demostró que se llegara a hacer. Años más tarde Brian May declaró en una entrevista sobre el tema: «La verdad es que pensamos muy cuidadosamente en ir y consideramos que era correcto porque por primera vez podíamos tocar para audiencias no segregadas y es absolutamente cierto, aunque la gente lo crea o no».

Musicalmente los conciertos se cerraron con *sold out* cada noche, aunque no fueron precisamente bien, por un detalle que pasó desapercibido entre el escándalo del boicot y que fue más importante de lo que parecía en un principio.

El concierto del día 7 de octubre, tercero de la gira, se estaba desarrollando como era habitual, pero bajo unas limitaciones de Freddie Mercury en la voz a consecuencia de lo que parecía un simple resfriado. Sin embargo, cuando estaban interpretando «Under Pressure», cuarta canción del repertorio, Freddie se quedó literalmente sin voz y se marchó del escenario llorando. Algunos de los fans de primera fila reconocieron que Mercury llegó a escupir sangre antes de marchar. El concierto se suspendió, y también los programados para los días 9 y 10 de octubre. El resto de conciertos se pudo acabar sin ningún problema de salud por parte de Freddie, que recuperó su espléndida voz.

Queen fueron atacados muy duramente por la prensa británica, especialmente por el *New Musical Express*, acusándoles de ser un grupo con inquietudes y tendencias totalitarias, e incluso algún semanario sensacionalista los acusó de racistas. La prensa conservadora de Estados Unidos arremetió contra ellos por las presiones del sindicato de músicos, que vieron una oportunidad más de machacar a un grupo que había desafiado sus creencias con el videoclip de «I Want to Break Free» y el cual consiguieron prohibir.

Incluso el grupo Artists United Against Apartheid, creado por Little Steven Van Zand para luchar contra el apartheid, los tomó como enemigos del pueblo africano y los censuró públicamente en una campaña difamatoria durante 1985. Artists United Against Apartheid grabaron un disco anti-apartheid llamado *Sun City*, de escaso éxito, pero que llego a reunir a numerosos artistas para grabar el tema que daba nombre al disco en algo que el crítico americano de rock, Dave Marsh, describió como «la más diversa línea de músicos populares jamás reunidos para una sola sesión». Esa lista de músicos anti-apartheid y en definitiva anti-Queen eran: Kool DJ Herc, Grandmaster Melle Mel, Ruben Blades, Bob Dylan, Pat Benatar, Herbie Hancock, Ringo Starr and Zak Starkey, Lou Reed, Run–D.M.C., Peter Gabriel, Bob Geldof, Clarence Clemons, David Ruffin, Eddie Kendricks, Darlene Love, Bobby Womack, Afrika Bambaataa, Kurtis Blow, The Fat Boys, Jackson Browne, Daryl Hannah, Peter Wolf, Bono, George Clinton, Keith Richards, Ronnie Wood, Bonnie Raitt, Hall & Oates, Jimmy Cliff, Big Youth, Michael Monroe, Stiv Bators, Peter Garrett, Ron Carter, Ray Barretto, Gil Scott-Heron, Nona Hendryx, Lotti Golden, Lakshminarayana Shankar, Joey Ramone, Bruce Springsteen, Bono, Darlene Love, Eddie Kendricks y Bonnie Raitt entre otros.

El único miembro de Queen que se defendió en la prensa sobre la postura del grupo, fue Brian May:

«Creemos que al ir allí y manifestar muy claramente nuestro punto de vista, que es que estábamos totalmente en contra del apartheid, hicimos mucho más para acelerar el fin de esa forma de pensar en Sudáfrica de lo que muchas personas han hecho al mantenerse alejados. Al ir allí sentimos que los ayudamos, y sé que muchos de ellos lo sentían de la misma manera. Puedo seguir adelante por mucho tiempo porque es algo con lo que me siento muy fuerte. Sin embargo, hemos tenido tanta presión de la gente, del comité de la ONU, de Little Steven y de todos sus amigos, que hemos dicho que no volveremos.

Todo lo que puedo decir es que nuestros objetivos son todos iguales, solo tenemos maneras diferentes de hacerlo. Ellos dicen: «¡Vamos a boicotear a los bastardos! ¡Tenemos razón, y vosotros estáis equivocados!». Yo los desafiaría a ir allí y averiguar la situación real y luego volver y decir lo mismo. Por supuesto, el apartheid está mal. Por supuesto, la situación actual produce mucha miseria, pero ¿cómo se hace para lograr el cambio? No estoy convencido de que esta política de aislamiento sea correcta y no estoy convencido de que un boicot cultural haya logrado un cambio de actitud interna en un país. No creo que haya ejemplos en la historia donde esto funcionara. Creo que todo lo que consigues tiende a hacer que la gente sea más amarga y se atrichere más en sus propias opiniones».

De una manera u otra estos conciertos pudieron significar una losa tan pesada para la banda que pudo truncar sus aspiraciones de cara al futuro. La presión que se ejerció sobre ellos habría acabado con cualquier banda importante, hay que pensar que de todos los grupos y solistas que tocaron en Sun City, ellos fueron los más perjudicados. Queen fueron junto con Paul Simon las cabezas de turco del movimiento cultural anti-aparheid, Queen por tocar en Sun City y Paul Simon por grabar el maravilloso álbum Graceland con músicos negros sudafricanos, llegando a tener que dar conferencias en universidades de todo Estados Unidos para explicar sus razones para hacerlo.

Afortunadamente para Queen, el siguiente tour cubrió Brasil, Australia y Japón, ajenos a la polémica y llegó el Live Aid para arreglarlo todo.

Repertorio. «Machines (intro)». «Tear It Up». «Tie Your Mother Down». «Under Pressure». «Somebody To Love». «Killer Queen». «Seven Seas Of Rhye». «Keep Yourself Alive». «Liar». «Improvisation». «It's A Hard Life». «Dragon Attack». «Now I'm Here». «Is This The World We Created?». «Love Of My Life». «Stone Cold Crazy». «Great King Rat». «Brighton Rock finale». «Another One Bites The Dust». «Hammer To Fall». «Crazy Little Thing Called Love». «Bohemian Rhapsody». «Radio Ga Ga». «I Want To Break Free». «Jailhouse Rock». «We Will Rock You». «We Are The Champions». «God Save The Queen».

The Work Tour 1985. Rock In Rio

11 y 18 de enero de 1985. Barra of Tijuca, Río de Janeiro (Brasil).

El mayor festival de rock de todos los tiempos

Rock In Rio fue el inicio de la tercera parte de la gira del disco *The Works* de la banda británica, una gira que tal y como hemos visto fue una de las más difíciles de su existencia.

Además Rock In Rio significó la vuelta a los escenarios de la banda desde que realizaran los polémicos conciertos en Sudáfrica.

Tan solo habían pasado tres meses de las actuaciones en Sun City y la ruptura, por parte de la banda, del boicot cultural que las potencias occiden-

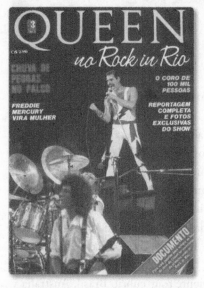

tales habían sometido a Sudáfrica para luchar contra el apartheid y obligar al gobierno a su abolición.

Queen estaba sufriendo las consecuencias de dicha acción, y eran criticados de forma radical y virulenta por los sindicatos de músicos, organizaciones políticas, la propia ONU y la prensa, sobre todo la británica, que se cebaba con ellos con críticas durísimas donde les acusaban de racistas y les catalogaban como una banda que apoyaba regímenes totalitarios.

En medio de este infierno apareció el Rock In Rio, un primer paso para redimir los posibles «pecados» cometidos por Freddie y compañía, donde Queen fueron cabezas de cartel durante dos días del festival más grande jamás montado.

La idea del Rock In Rio surge de la mente del publicista y famoso empresario brasileño Roberto Medina, dueño de la empresa Artplan, famosa por haber conseguido que en los setenta Frank Sinatra cantara en uno de sus anuncios publicitarios. Medina, amante del rock, quiso organizar un gran festival donde reunir a bandas internacionales de diferentes géneros, pero modificando el concepto de evento musical o al menos de la forma de hacerlo viable económicamente. El Rock In Rio nació como plataforma publicitaria para una conocida marca de cerveza y a medida que se iba gestando se transformó en una plataforma de mercadotecnia que vendió espacios publicitarios a más de 600 marcas y que habían pagado con creces los costes del festival, aunque no hubiera asistido nadie a los conciertos.

Pero no fue todo sencillo, porque la falta de experiencia de Medina a la hora de organizar eventos de este tipo, el hecho de que en Brasil algunas bandas importantes hubieran perdido muchísimo dinero en sus actuaciones y además, que políticamente era una joven e inestable democracia, frenó el interés de los grandes promotores y managers por aceptar la invitación al Rock In Rio. Cuenta el propio Roberto Medina que pidió ayuda a Frank Sinatra, «El Jefe», y Sinatra le preguntó: «¿Qué puedo hacer por tí?», a lo que él contestó: «Cielos, tengo que lograr que la gente me escuche, que los medios de comunicación me hagan caso en Estados Unidos». Frank Sinatra y su gente hicieron unas cuantas llamadas y al día siguiente habían firmado bandas como AC/DC, Iron Maiden, Whitesnake y los mismísimos Queen.

Hoy en día el Rock In Rio es una franquicia mundial que lleva organizadas siete ediciones en Río de Janeiro, siete en Lisboa, tres en Madrid y una en Las Vegas. Queen volvió ha actuar en la edición de 2016 en Río de Janeiro y ese mismo año en la edición de Lisboa.

Queen cerró dos noches en el Rock In Rio original, la primera noche el 11 de enero tras las actuaciones de Iron Maiden y Whitesnake, mientras que en su segunda noche, el 18 de enero, las bandas que tocaron anteriormente fueron The B-52's y The Go-Go's.

Las otras bandas que encabezaron dos noches fueron AC/DC, Yes y Rod Stewart, en un cartel donde además figuraban nombres como George Benson, James Taylor, Al Jarreu, Nina Hagen, Scorpions, Ozzy Osbourne entre muchas otras, configurando un festival de diez días bajo el eslogan *O Maior Festival De Rock De Todos Os Tempos*.

Estos conciertos de Queen pasaron a la historia batiendo el récord de asistencia a un concierto de pago y en particular siendo los shows más populares de la banda con Freddie Mercury al frente. Oficialmente se agotaron las 250.000 entradas de las dos noches de Queen, pero extraoficialmente hay quien apunta que la segunda noche, la del 18 de enero, se sobrepasaron los 350.000 asistentes, incluso se afirma que se pudo rozar los 400.000.

Si nos ceñimos a las cifras oficiales, las 250.000 entradas vendidas suponen los conciertos más multitudinarios de Queen, solo superados por la actuación de Queen + Paul Rodgers en la plaza de la Libertad de Kharkov, Ucrania, el 12 de agosto de 2008, donde se superaron los 350.000 espectadores.

La banda registró las dos actuaciones para su posterior edición en un vídeo recopilatorio de los conciertos. Desafortunadamente la producción de vídeo no es muy buena y el resultado no refleja la importancia del Rock In Rio en la historia del grupo.

Mercury había superado los problemas de voz que sufrió en el anterior tramo de la gira y que había llevado a la suspensión de algunos conciertos en Sun City. La banda estaba en uno de sus mejores momentos y cerrar dos noches en este festival, el año que entre otras cosas les habían prohibido tocar en Santiago de Chile, sabiendo el gran éxito que Queen tenían en Sudamérica, era un compromiso enorme, más sabiendo que desde Sudáfrica se les miraba con lupa y cualquier tropiezo sería utilizado para atacarles.

Con un repertorio muy cuidado y cargado de guiños a la afición, como cuando Freddie salió envuelto en una bandera británica, que llevaba bordada la bandera de Brasil en la parte de atrás; todo estaba estudiado para realizar unos conciertos memorables y el público encumbró a Queen a lo más alto del firmamento rock, lo convirtió desde Río de Janeiro en la banda más grande que había pisado Latinoamérica.

La interpretación de «Love of My Life» está considerada como una de las mejores versiones que jamás hicieron Queen en su larga trayectoria. La inclusión de «Rock In Rio Blues», basada en una improvisación de Brian May y que la banda puso letra dedicada al publico brasileño, «Let's play the Rock In Rio blues, baby / We've come to do Rock In Rio with you, baby / Yeah», fue otro de los momentos álgidos e inolvidables de las actuaciones, al que se sumaron los bises que abrieron con un apoteósico «I Want to Break Free» que trajo polémica.

«I Want to Break Free» es un tema que el pueblo brasileño había adoptado como himno de protesta contra la dictadura, muy lejos de la interpretación literal que la banda quisiera darle a la canción. Cuando Queen interpretó el tema la primera noche, que fue en el regreso al escenario tras el final del show, Freddie apareció con unos pechos de mujer y atrezzo que habían utilizado en el videoclip del tema. Al parecer, eso pudo ofender a parte del público, pero la prensa británica publicó que los asistentes empezaron a insultar a la banda, lanzarles cosas y que se produjeron altercados y peleas. Incluso se publicó que Freddie Mercury salió llorando del escenario, algo que supuestamente había contado Bruce Dickinson, cantante de Iron Maiden.

Lo cierto es que nunca se puedo demostrar eso y las imágenes de vídeo no lo reflejan, por lo que años más tarde se supo que era más una campaña de acoso y derribo contra Queen por los hechos de Sun City. La banda liberó el 12 de enero de 2014, en su canal YouTube, Queen Official, una hora de actuación del Rock In Rio donde no se ven esas imágenes, pero tampoco sale Freddie disfrazado ya que pertenecen al segundo día. El único escándalo probado y protagonizado por Freddie, se produjo en los camerinos del back stage al mandar Mercury desalojar a músicos brasileños entre los que se encontraban Ney Matogrosso, Elba Ramalho y Erasmo Carlos, estos le insultaron por sus aires de divo al ser expulsados de la zona, pero la rabia del cantante de Queen terminó con su camerino totalmente destrozado antes de subir al escenario. Según el jefe de seguridad de back stage, Mercury le preguntó: «¿Aquí hay tornados?» y cuando le dijo que negativo le estampó: «Pues ya verás lo que es un tornado en acción» y comenzó a destrozarlo todo.

Fuera como fuese, Queen pasaron a la historia como los auténticos triunfadores de la primera edición del Rock In Rio.

Repertorio. «Machines (Or 'Back to Humans')». «Tear It Up». «Tie Your Mother Down». «Under Pressure». «Somebody to Love». «Killer Queen». «Seven Seas of Rhye». «Keep Yourself Alive». «Liar». «Rock in Rio Blues». «It's a Hard Life». «Dragon Attack». «Now I'm Here». «Is This the World We Created...?». «Love of My Life». «Brighton Rock». «Another One Bites the Dust». «Mustapha». «Hammer to Fall». «Crazy Little Thing Called Love». «Bohemian Rhapsody». «Radio Ga Ga». «I Want to Break Free». «Jailhouse Rock». «We Will Rock You». «We Are the Champions». «God Save the Queen».

The Magic Tour

9 de agosto de 1986. Knebworth Park Festival,
Stevenage (Inglaterra).

El último concierto

Se trataba tan solo de la despedida de una gira por todo lo alto, la actuación de Queen como cabeza de cartel del Knebworth Park Festival debía de ser un baño de multitudes para unos músicos que habían realizado la que estaba considerada la mejor gira europea de la historia.

La banda organizó 25 conciertos en apenas dos meses del verano del 86, comenzando el 7 de junio en Estocolmo, Suecia, y terminando el 5 de agosto en Marbella, España. Una gira multitudinaria donde presentaron el álbum más exitoso hasta la fecha, *A Kind of Magic*, para después tomarse un gran periodo de descanso y dedicarse a temas personales. Taylor y Deacon marcharían a New York para instalarse durante una temporada, May intentaría arreglar su vida, tras un divorcio doloroso y una depresión que arrastraba desde hacía tiempo, mientras que Mercury trabajaría en su nuevo disco, que finalmente grabó junto a la catalana Montserrat Caballé.

De hecho el Knebworth Park Festival no estaba incluido en la gira y tan solo apareció programado cuando el promotor Harvey Goldsmith vendió los suficientes boletos como para poder contratar a Queen. Si ese concierto no se hubiera celebrado por un problema presupuestario, Queen habría actuado el 10 de agosto en el Seat Beach Rock Festival de Ostend, Bélgica.

El Knebworth Park Festival se celebraba en los jardines de la casa señorial Knebworth House, en la ciudad de Stevenage situada a unos 50 km al norte de Londres. La primera edición del festival fue en el año 1974 y los grupos que participaron fueron The Allman Brothers Band, The Doobie Brothers, Mahavishnu Orchestra, The Sensational Alex Harvey Band, Van Morrison y Tim Buckley, aunque en esta edición el festival se llamó The Bucolic Frolic, un nombre bastante ridículo que afortunadamente cambiaron en 1975 por el que nos ocupa, en una edición en la que participaron Pink Floyd, Captain Beefheart, Linda Lewis, Graham Chapman, Steve Miller Band y Roy Harper. Las actuaciones siempre han sido multitudinarias, con audiencias que oscilan entre las 60.000 personas del primer festival a las 125.000 durante dos noches seguidas del año 1996 con Oasis como cabeza de cartel.

Otra de las características es que ha ido cambiando de nombre a lo largo de su historia y al final tan solo ha quedado la referencia del recinto donde se celebra. Nombres como Capital Jazz Festival, Greenbelt Festival, Soniphere o el que nos ocupa, que se llamó *A Night Of Summer Magic*.

Los grupos encargados de acompañar a Queen en esta noche fueron tres: Belouis Some, Big Country y Status Quo.

Belouis Some, músico británico de danza pop y new age que no fue muy bien tratado por el público, ya que parte de su concierto fue arruinado por una lluvia de botellas lanzadas desde el respetable. La mayor parte de los objetos eran arrojados desde bastante atrás, por lo cual en lugar de caer sobre los músicos aterrizaban sobre las primeras filas de público, que acto seguido las devolvían de la misma forma hacia donde habían salido, lo que provocó algunos altercados entre los asistentes, dicho sea de paso, sin ninguna importancia.

Status Quo debían de actuar justo antes de Queen pero les fue imposible porque ese día finalizaban su *Quo's Back Summer Tour* con una de sus extravagancias, batiendo un nuevo récord al tocar en tres escenarios diferentes,

tres países diferentes el mismo día: Comenzaron en Skandeborg, Dinamarca, con un show de 30 minutos, seguidamente Knebworth Park, realizando un concierto de 80 minutos y marcharon en helicóptero al See Park en Arbon, Suiza, para terminar su periplo viajero con otros 60 minutos y así entrar en el libro Guinness de los récords una vez más.

La banda que tocó antes de Queen fueron Big Country, una extraordinaria formación que se encontraba en su mejor momento pero que se fue diluyendo con el paso del tiempo, convirtiéndose en un grupo de culto y referencia, más que popular y exitoso.

Queen llegaba en su mejor momento pero con la incógnita de cómo estaría Freddie Mercury, que ya había tenido que cancelar algunos conciertos de final de gira y modificar otros como las actuaciones de España; el de la Monumental en Barcelona pasó del 31 de julio al 1 de agosto, debiendo ubicarse en el Mini Estadi de F.C. Barcelona; el de Madrid cambió del 2 al 3 de agosto manteniéndose en el estadio del Rayo Vallecano y el último concierto de la gira se trasladó del 4 al 5 de agosto en el Estadio Municipal de Marbella. Queen consiguieron vender las 120.000 entradas de Knebworth

Park en tan solo dos horas de ponerse a la venta, lo que supuso un récord, siendo el concierto más multitudinario en Inglaterra hasta la fecha. Hubo problemas de tráfico con más de 12 kilómetros de embotellamiento y se tuvieron que habilitar zonas de parking que no estaban previstas, algunas de ellas a más de 5 kilómetros del recinto.

Queen había grabado los conciertos de Wembley del 11 y 12 de julio, así como la mayor parte de actuaciones de la gira, incluyendo las de España, pero desgraciadamente este concierto no se grabó, tal y como aseguró Brian May años más tarde. No existen imágenes grabadas de Knebworth Park, tan solo un reportaje de unos seis minutos que está publicado en internet con la llegada de la banda al recinto, imágenes de los alrededores, entrevistas con los músicos y tomas del público, pero sin material de la banda tocando.

El concierto estuvo lleno de detalles significativos desde antes de comenzar, como fue la llegada de la banda en un helicóptero tuneado con los logos y la imagen de la banda (en el documental antes mencionado se ven las imágenes de la llegada y llama la atención que Brian May baja del helicóptero con su guitarra a cuestas). El repertorio escogido no varió mucho del utilizado en el resto de la gira, fue el que tocaron en la mayoría de los conciertos, salvo algún pequeño cambio dependiendo del lugar, pero por ejemplo, fue idéntico al set desplegado en Barcelona una semana antes.

Comenzaron con la intro del disco *A Kind Of Magic* para pasar al «One Vision» como primer tema y la audiencia enloqueció ya que el sonido era extraordinariamente potente, nada que ver con el de las bandas que habían tocado con anterioridad, las que seguramente padecieron una limitación de mesa por parte de equipo técnico del grupo cabeza de cartel, algo típico e innecesario en las décadas de los 80 y 90.

Al segundo tema Freddie ya comenzó a lanzar proclamas hacia el público, «Hola, esto es lo que queríais, ¡esto es lo que vais a conseguir! ¿Está todo el mundo bien, tenéis un buen día? Si estáis mal, ahora no os queda otra que aguantar con nosotros». Así todo el concierto, más comunicativo que de costumbre y sobre todo maravillado por la enorme ola humana que llenaba Knebworth Park.

Tras el tema «Another One Bites The Dust», Freddie se sincera con el público, primero: «Creo que la mayoría de vosotros sabéis que esta es la última parada en nuestro tour. Y no hay una manera más hermosa de terminarlo... Es decir, mirad como está todo esto. Me gustaría decir que esta ha sido la mejor gira europea para nosotros, gracias!», para inmediatamente ponerse serio y arremeter contra la prensa, con la que nunca se llevó demasiado bien

y que desde Sudáfrica no había hecho otra cosa que atacar al grupo: «A todos los hijos de puta por ahí que lanzaron rumores de que nos separábamos, les quiero decir... que os follen, porque realmente, ¿lo habéis visto? ¿Cómo se puede dividir algo cuando se tiene una audiencia como esta? ¡Es que no lo véis! No somos tan estúpidos».

En «Crazy Little Thing Called Love», apenas se colocó Freddie su Fender Telecaster, el público inició la canción tarareándola y fueron los músicos los que tuvieron que acoplarse al tema, siendo casi imposible que Mercury cantara una estrofa entera por el sonido ensordecedor de los asistentes.

La banda estaba tan entusiasmada que incluso el correcto y diplomático John Deacon se emocionó y lanzó su bajo contra los amplificadores al final de «Radio Ga Ga», temiendo los técnicos que el cabezal del bajo se hubiera quedado inservible para el resto del concierto, y que tras una leve revisión funcionó para terminar el segundo bis de la actuación.

La despedida de Freddie no fue diferente a la de todos los conciertos de la gira, pero muchos quisieron ver en ella una premonición, «Gracias, gente hermosa, habéis sido tremendos... una audiencia muy especial, muchas gracias, buenas noches, dulces sueños, os queremos»... Estas fueron las últimas palabras de Freddie Mercury sobre un escenario.

El festival terminó con un apagón de luces total que dejó al público completamente a oscuras en la salida. Más tarde se supo que fue una decisión de un empleado del parque que quería terminar su jornada de trabajo lo antes posible, pero que organizó un gran caos en la salida de Knebworth, hasta el punto de ser despedido de su empleo por esa mala y nefasta decisión.

También se supo semanas más tarde que en medio del festival nació una criatura en un parto que fue atendido por el mismo público ante la imposibilidad de que llegaran las ambulancias, y desgraciadamente hubo un muerto. Al parecer un aficionado se subió a una torre y cayó encima de otro espectador que se enfureció y lo apuñaló, el joven murió desangrado al no poder ser atendido por los servicios médicos.

Con este concierto concluyó la última gira de Queen con los cuatro miembros originales de la banda, *The Magic Tour* fue visto por más de un millón de personas en directo, siendo la gira más exitosa que se había realizado en Europa hasta la fecha.

Freddie no sabía que estaba enfermo, por lo que jamás se pudo imaginar que sería su último concierto, el sida se lo diagnosticaron un año más tarde. El verdadero motivo de que Queen no continuara con la gira a nivel mundial era el mal estado emocional de Brian May, su divorcio le resultaba muy complicado de asimilar y lo llevó a una depresión enorme que estuvo a punto de terminar drásticamente en un suicidio, tal y como explicó el propio May años más tarde.

The Knebworth Park Festival pasará a la historia por ser el último escenario en el que tocaron Queen al completo.

Repertorio. «One Vision». «Tie Your Mother Down». «In the Lap of the Gods... Revisited». «Seven Seas of Rhye». «Tear It Up». «A Kind of Magic». «Vocal improvisation». «Under Pressure». «Another One Bites the Dust». «Who Wants to Live Forever». «I Want to Break Free». «Impromptu». «Brighton Rock Solo». «Now I'm Here». «Love of My Life». «Is This the World We Created...?». «(You're So Square) Baby I Don't Care» (Elvis Presley cover). «Hello Mary Lou» (Ricky Nelson cover). «Tutti Frutti» (Little Richard cover). «Bohemian Rhapsody». «Hammer to Fall». «Crazy Little Thing Called Love». «Radio Ga Ga». «We Will Rock You». «Friends Will Be Friends». «We Are the Champions». «God Save the Queen»

---

7. ANEXOS

SUSTITUIR A MERCURY

Desde la desaparición de Freddie Mercury y la transición con el duelo habitual
en estos casos, siempre se ha especulado
con la posibilidad de sustituir al cantante
de Queen de una u otra forma. Pero fue
tras el concierto de Wembley, tributo a
Mercury, que las quinielas y apuestas se
dispararon de forma más exponencial.

La idea de la banda, o mejor dicho de
Brian May y Roger Taylor, en un principio no era la de seguir con la andadura
de Queen, pero con el paso del tiempo y
sobre todo por el gran universo que han
creado en torno a la banda y a la figura
de su compañero, la cosa fue cambiando.

Tras la muerte de Mercury, la idea
de la banda no era la de seguir con la
andadura de Queen.

No sabemos muy bien si fue por la demanda generalizada entre los aficionados
de ver la maquinaria otra vez en funcionamiento, o la necesidad como artistas de expresarse con lo que mejor saben hacer, que es interpretar las
canciones de Queen, la cuestión es que sustituir a Mercury fue una opción
plausible y evidente, al mismo tiempo que arriesgada y peligrosa.

Tanto May como Taylor han sido duramente criticados por el uso que han realizado de Queen desde el fallecimiento de Freddie Mercury, pero al mismo tiempo todos sus movimientos han estado respaldados por el éxito de público, lo que avala en cierta manera sus maniobras, sin quitarles el riesgo que supone llevarlas a cabo.

Creo que tanto los responsables de este libro, como vosotros los lectores del mismo, estamos de acuerdo en que es imposible sustituir a Freddie Mercury, por su portentosa y única voz, por su arrolladora personalidad y por su forma de entender la música y el espectáculo como un ente indisociable. Es por eso que nadie que se haya visto en la tesitura de sustituir a Mercury de forma temporal, ocasional o permanente ha salido bien parado.

Estas son algunas de las alternativas que, o bien el propio grupo, o bien la prensa, han visto como posible voz principal de Queen.

Del concierto del 22 de abril de 1992 en Wembley, The Freddie Mercury Tribute Concert for AIDS Awareness, se extrajeron numerosas interpretaciones que tan solo sirvieron para rendir tributo y no encajaron de forma en la filosofía Queen más allá de esa función. Grandes cantantes que adaptaron los temas a su estilo y que en algunos casos chirriaban en la actuación, aunque se perdonaba por el hecho de ser un tributo. Estamos hablando de nombres como Joe Elliott de Def Leppard, Bob Geldof, Zucchero, Gary Cherone de Extreme, James Hetfield de Metallica, Paul Young o Seal, que realizaron actuaciones fantásticas pero alejadas del espíritu de Freddie. Dejamos a parte la actuación de Robert Plant, maravilloso vocalista de Led Zeppelin que tuvo uno de sus días más aciagos y realizó una actuación con muchísimos errores que ya hemos comentado en este libro.

Sin embargo, de ese concierto ya aparecieron voces que apuntaban algunos candidatos que podían ofrecer la posibilidad de que la maquinaria Queen pudiese funcionar de nuevo.

Descartaremos a Axl Rose de Guns'n'Roses, que despertó opiniones contradictorias con su interpretación junto a Elton John. Personalmente lo encuentro un vocalista muy estridente y en el extremo opuesto a Freddie Mercury, sin medida ni contención, no ya solo en Queen, si no en su actual colaboración con AC/DC.

Dos mujeres resultaron ser de lo mejor de la noche en Wembley, Lisa Stansfield y Liza Minnelli, con unas interpretaciones fantásticas, coincidiendo todo el mundo, público, crítica y grupo, que fueron lo mejor del tributo. Sobre todo Liza que alcanzó casi la perfección del universo Mercury, por eso Brian May cuando la presentó, lo hizo con estas palabras, «solo había

George Michael y Liza Minelli en el The Freddie Mercury Tribute Concert for AIDS Awareness, en abril de 1992.

una persona en el mundo que Freddie estaría orgulloso de que se presentara esta noche», refiriéndose a ella.

A partir de ahí comienzan los posibles candidatos para vestirse el traje de Mercury, todos ellos con gran calidad, dignidad, cercanos de una forma u otra al vocalista fallecido y con voces muy próximas.

George Michael fue uno de los que más sorprendieron en Wembley. El cantante que por aquel entonces tenía 38 años y había editado dos discos en solitario, realizó una actuación maravillosa; tres temas, uno con Brian May, otro con Lisa Standfield y el tercero, «Somebody to love» con un coro de gospel, consiguió que el público enloqueciera y muchos esa noche vieron claramente al nuevo Mercury, más cuando George declaró que había sido el mejor momento de su carrera. Se dispararon los rumores sobre la posibilidad de que Queen y George Michael hicieran algo bajo el nombre de Queen, sobre todo cuando en abril de 1993 se editó *Five Live (George Michael and Queen EP)*, disco en el que todos los beneficios fueron a la fundación Mercury Phoenix Trust, pero nunca se pusieron en práctica los planes de unificación de talentos.

Elton John fue otro de los protagonistas del tributo a Freddie Mercury, sus interpretaciones fueron espectaculares, el «Bohemian Rhapsody» que interpretó junto a Axl Rose no hizo más que demostrar la gran diferencia que hay entre los dos vocalistas y la balanza se inclinó favorablemente hacia el lado del británico. Pero es que su «The Show Must Go On», fue uno de los momentos más intensos y mágicos de la noche.

Cuando cinco años después de la muerte de Freddie Mercury, la banda aceptó tocar en París, en la presentación de *A Ballet for Life*, y lo hicieron con Elton John, los rumores se volvieron a disparar.

No era de extrañar, ya que Brian May realizó unas declaraciones imprevistas con anterioridad al concierto: «He estado tratando de sacar a Queen de mi sistema. Sé que probablemente no suena muy bien, pero de alguna manera no es saludable estar aferrado al pasado». Declaraciones que pusieron en previo aviso a los fans, que terminaron en pie de guerra cuando Roger Taylor decía que «han pasado cinco años desde la muerte de Freddie, y creo que nos sentimos bien con cómo lo hicimos. Creo que tal vez el futuro está abierto para que hagamos algo de nuevo».

Inmediatamente, tras el concierto de París, último de John Deacon con la banda, se vendió la piel del oso antes de cazarlo y todo el mundo daba por hecho que Queen + Elton John era una realidad, una posibilidad que no llegó a materializarse jamás.

En el año 2001, era por todos sabido que Brian May y Roger Taylor estaban deseando flotar la nave de nuevo, y que John Deacon no pondría ningún impedimento, pues se quedaría al margen, recluido en su vida privada y sin participar. Por eso volvieron a saltar las alarmas al saberse que Queen y Robbie Williams habían grabado una versión de estudio de «We are the Champions» para el film de ambientación medieval *A Knight's Tale*. Por otro lado Williams siempre se ha declarado fan incondicional de Mercury y en numerosos conciertos suyos termina interpretando alguna canción de la Reina. Si bien la adaptación del tema para el film pasó con nota alta el examen de crítica y fans, la fuerte y extravagante personalidad de Williams no eran las más adecuadas para una nueva etapa de la banda.

En el 2004, tras un gran concierto celebrado en el Wembley Arena de Londres para celebrar el 50 aniversario de la guitarra Fender Stratocaster, donde participaron grandes nombres como David Gilmour, Ronnie Wood, Brian May, Joe Walsh y Gary Moore, los miembros de Queen le ofrecieron a Paul Rodgers una colaboración para salir de gira con ellos.

Paul Rodgers, apodado The Voice, está considerado como uno de los mejores cantantes británicos de la música rock. Se hizo popular con su primera banda Free y el gran éxito «All Right Now»; en los 70 creó una superbanda llamada Bad Company y ha desarrollado una muy prestigiosa carrera en solitario.

Además Paul Rodgers creo una asociación musical con Jimmy Page de Led Zeppelin llamada The Firm, con quien giró y grabó dos discos, además de crear otra nueva banda de éxito llamada The Law.

Rodgers coincidió con Brian May en la grabación de su disco de 1993 *Muddy Water Blues: A Tribute to Muddy Waters*, donde contó con él como colaborador, además de Gary Moore, David Gilmour, Jeff Beck, Steve Miller, Buddy Guy, Richie Sambora, Brian Setzer, Slash y Trevor Rab. Un disco que fue nominado a los *Grammy* como mejor trabajo de rock.

Paul Rodgers es un vocalista maravilloso, que igual se desenvuelve como pez en el agua cantando rock, soul o blues que es donde más destaca, pero no es un vocalista que se parezca en nada a Freddie Mercury.

Por eso cuando aceptó la invitación de Queen, dejó bien claro que no iba a intentar sustituir a nadie y así fue, la banda se presentó como Queen + Paul Rodgers y el repertorio de la gira se construyó mezclando canciones de Paul Rodgers en Free y Bad Company, entre un set mayoritariamente de Queen. Los temas de Queen fueron adaptados a la voz de Rodgers y no fue al revés como quizás le hubiera gustado a la mayoría de fans.

Queen + Paul Rodgers fue la constatación de que Freddie Mercury era y es insustituible y por más que explicaron que no se trataba de poner un nuevo Freddie al frente, el resultado y la comprensión de gran parte de los fans fue esta. Rodgers nunca fue aceptado por el público Queen, aún reconociendo que era un cantante grandioso, las giras fueron un éxito rotundo porque el repertorio se basó mayoritariamente en Queen y porque la generación que había crecido admirando a Freddie Mercury no lo había podido disfrutar en directo.

Recordemos que Queen dejó de tocar en vivo en el 86, por lo que muchos de los que llenaban los estadios en 2005 para ver a Queen + Paul Rodgers, no habían nacido cuando Freddie se despidió en el Knebworth Park, en agosto de 1986. Se trata de una generación que ha crecido escuchando a Queen, comprando sus discos, venerando a un ídolo y llorándolo desde 1991, pero que no llegaron a verle en directo.

Todos ellos compartían la pasión con la generación de los que sí habían llegado a ver a Freddie y necesitaban volver a sentir la magia de Queen en directo y lo que es más admirable, de enseñarles la magia a sus hijos. De repente las giras de Queen + Paul Rodgers se transformaron en un acontecimiento intergeneracional, donde a los conciertos asistían familias en-

Adam Lambert es el mejor vocalista para poner un broche de oro a la brillante carrera de Queen, truncada de forma trágica hace más de dos décadas y que actualmente vuelve a hacer feliz a muchos seguidores.

teras de abuelos, padres, hijos y nietos en perfecta comunión. Queen era lo importante, la liturgia estaba preparada para no olvidar jamás a Freddie Mercury, al contrario, para hacer que cada día el mito fuera más grande y en ese contexto, el gran Paul Rodgers solo era el vehículo para llegar al éxtasis.

Es por eso que el disco que llegaron a grabar juntos como Queen + Paul Rodgers, *Cosmos Rocks*, no obtuvo el éxito que se pensaban. ¿El motivo? No era un disco de Freddie Mercury y eso fue imperdonable; pero incluso la gira de presentación del mismo se cerraba con el cartel de *sold out* en casi todas las taquillas.

Tras la gira de presentación del disco se acabó una colaboración de cinco años: «En este punto vamos a descansar de esto», dice Rodgers. «Mi compromiso con ellos (Brian May y Roger Taylor) fue similar a mi compromiso con Jimmy Page en The Firm, el cual nunca significó ser un compromiso permanente». La separación se hizo de forma amistosa y dejando abierta la puerta para un futuro reencuentro: «Es como un libro abierto. Si ellos me contactan para hacer algo caritativo… me encantaría hacerlo, estoy seguro», declaraba Paul Rodgers, pero todos sabemos que eso, salvo en acciones puntuales, es imposible.

Años más tarde Taylor, con muy poca elegancia, declaró al periódico *Toronto Sun*, en una entrevista previa a la gira don Adam Lambert: «Paul tiene una de las mejores voces de rock, pero es más blues y orientado al alma de lo que yo había pensado en un principio. Yo diría, con todo respeto a Paul, que Adam es más adecuado para muchos de nuestros materiales y que, aunque tuvimos grandes giras con Paul, Adam es más natural con nosotros».

Llegados a este punto nos encontramos con el último vocalista de Queen, Adam Lambert, quien participó en el programa televisivo *American Idol*, quedando segundo, pero impresionando a Brian May y Roger Taylor hasta el punto de ofrecerle salir de gira con ellos. Tras una primera negativa para continuar con su carrera musical, Lambert terminó aceptando la oferta de los dos miembros de Queen y sigue con ellos en el momento de cierre del libro, cuando están a punto de iniciar una nueva gira por los USA. Adam Lambert posee una voz espectacular con un rango vocal de contratenor de 3 octavas, lo que le coloca muy cerca de la voz de Freddie Mercury y actualmente en concierto puede hacer cosas que Freddie era incapaz de conseguir desde la gira de *Works*.

Adam siente verdadera devoción por Freddie Mercury y así lo ha demostrado desde el principio, «creo que Freddy era tan increíble, nunca habrá otro Freddie Mercury», declaraba al principio de la unión con Queen, dejando claro que su trabajo sería intentar «crear un equilibrio, una armonía entre lo antiguo y lo nuevo, entre el pasado y el presente».

Su aparición en Queen ha dado alas a los dos miembros en activo de la banda, Taylor y May no deben de andar con pies de plomo con lo que hacen, ahora tienen carta blanca para todo y han rodeado a Queen + Adam Lambert de una liturgia mitómana alrededor de Freddie Mercury impresionante. Asistir a un concierto de Queen + Adam Lambert es como entrar en el universo Mercury, es todo perfecto, meticulosamente cuidado y detallista, hasta el punto de cerrar los ojos y parecer encontrar la voz del añorado vocalista.

No es de extrañar que May diga cosas como que «no creo que haya una canción de Queen que no le podamos dar a Adam como desafío. Adam aporta una calidad muy natural, no es Freddie ni intenta serlo ni un instante, pero la brillantez y el extraordinario instrumento que aporta son muy parecidos. Es como una especie de regalo de dios».

Adam Lambert no es el cantante ideal para sustituir a Freddie Mercury en Queen, él mismo lo deja claro cuando no se cansa de reafirmar, incluso en los conciertos, que «yo no estoy reemplazando a Freddie, nunca habrá otro igual», pero lo que está claro es que es el mejor cantante que Brian

May y Roger Taylor podrían encontrar para cerrar la trayectoria de la Reina.

No sabemos cuantos años les quedarán en activo, Brian cumple 70 años en 2017 y Roger Taylor 68; la última gira nos dejó claro que los años no pasan en balde y siempre dejan huella, aunque el espíritu siga joven. Por eso Adam Lambert es el mejor vocalista para poner un broche de oro a una carrera brillante, truncada de forma trágica hace más de dos décadas y media y que actualmente vuelve a hacer feliz a muchos seguidores.

La pieza clave será si se cumplen o no los rumores de la grabación de un disco en estudio de Queen + Adam Lambert, y si ese proyecto, de hacerse, mezclará las voces de Freddie y las de Adam como se filtró hace unos meses, si es digno o no lo es, y sobre todo si el fan de Freddie Mercury no se siente traicionado…

WE WILL ROCK YOU. EL MUSICAL

A mediados de los 90, el manager de la banda Jim Beach, les propuso a Brian May y Roger Taylor trabajar en la creación de una ópera musical que rindiera tributo a la memoria de Freddie Mercury y que incorporara solo música de Queen.

May y Taylor no eran muy aficionados al teatro musical, pero motivados por el entusiasmo de Beach (no olvidemos que es el encargado de la fundación Mercury Phoenix Trust), y la idea de rendir un homenaje a su compañero desaparecido, se involucraron en el proyecto.

Rápidamente la productora Tribeca, propiedad de Robert De Niro, se interesó por el proyecto, pero tras algo más de un año de trabajo y debido a la complejidad del proyecto, lo abandonó por inviable.

Posiblemente todo ello fue debido al celo con el que tanto Taylor como May han cuidado todo lo relacionado con Mercury tras su muerte, celo y cuidado obsesivo que entre otras muchas cosas también retrasó con infinidad de problemas un film que tenían proyectado sobre la biografía de Freddie.

En el 2000 el director de teatro británico Ben Elton les propuso cambiar totalmente el concepto y escribir una obra de ficción donde la música de

Queen fuera el hilo conductor y olvidarse de realizar una biografía encubierta de Freddie Mercury.

Ben Elton era una figura importantísima dentro de la escena teatral alternativa británica, era escritor, guionista y actor, además de un director de teatro de prestigio, se hizo popular con los guiones de series de televisión como *The Young Ones* y *Blackadder*. La idea les encantó y comenzaron a trabajar mano a mano en el proyecto, Ben escribiendo el guión y May y Taylor estudiando las diferentes composiciones de Queen que se podían añadir a la obra.

La historia fue basada en una distopía similar a la contada en el film *The Matrix*, un ordenador central y omnipresente organiza un mundo ficticio donde los humanos son controlados y manipulados. En *We Will Rock You. El Musical* se cuenta la rebelión de un grupo de humanos llamados Los Bohemios, que luchan por restaurar la libertad de pensamiento, en una civilización donde la juventud viste, actúa y piensa de la misma forma y donde cualquier disidencia es eliminada, y lo hacen a través de la reivindicación de una antigua música prohibida y desconocida llamada rock, y buscando los iconos de libertad en forma de instrumentos musicales de la antigüedad.

Bajo un argumento que se muestra muy inocente y por qué no, infantil y pobre de ideas, el guión se terminó a mediados de 2001 y comenzaron

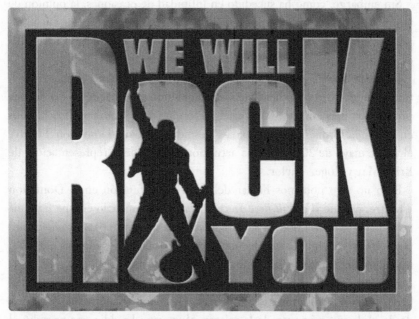

En el 2000 el director de teatro Ben Elton propuso a May y Taylor escribir una obra de ficción donde la música de Queen fuera el hilo conductor. *We Will Rock You* fue el resultado.

los ensayos en abril de 2002. La obra la dirigió Christopher Renshaw y la coreografía corrió a cargo de Arlene Phillips, mientras que los principales papeles fueron para Tony Vicente, Hannah Jane Fox, Sharon D. Clarke y Kerry Ellis.

Se estrenó en el Dominion Theatre del West End londinense el 14 de mayo de 2002 e inmediatamente la crítica la destrozó y ridiculizó. *The Guardian* dijo de la obra que «realmente es tan *sixtie form* como parece», siendo *sixtie form* la forma en que el sistema educativo británico designaba la educación infantil de entre 1 y 3 años de edad, prosiguiendo en su crítica con definiciones como esta: «Aunque a veces es divertida, se basa en idear las formas más inverosímiles para sacar una y otra canción de Queen. Sin piedad fabricada, empaquetada y vendida».

El *Daily Mirror* atacó al guionista y autor de la obra señalando que era inverosímil «cómo Ben Elton puede vivir de una historia tan ridícula». A nivel general la prensa británica valoró muy poco o muy mal el estreno de la obra, salvando en algunos casos las actuaciones personales de algunos actores como el caso de Tony Vicente y Kerry Ellis; esta última entabló una buena amistad con Brian May que derivó en la realización de conciertos y grabación de discos como dúo musical.

Sin embargo, como ha sucedido en infinidad de ocasiones, la opinión de la prensa no es compartida por el público, al igual que a veces las encuestas previas a unas elecciones fallan estrepitosamente acerca del resultado del escrutinio general de unas votaciones políticas.

La obra tuvo una gran acogida por parte de los espectadores, que la convirtieron en un éxito sin precedentes, consiguiendo ser a día de hoy la décima producción más longeva del West End londinense, alcanzando los 12 años en cartel de forma ininterrumpida y despidiéndose del Dominion Theatre el 14 de mayo de 2014 con una actuación, dentro de la representación, de Brian May y Roger Taylor.

Pero no solo podemos hablar del éxito de la función en el Dominion Theatre, porque *We Will Rock You. El Musical* se convirtió en una franquicia super millonaria que ha sido representada en numerosas producciones paralelas en todo el planeta, ha generado discos en varios idiomas, DVD's, merchandising y ha obtenido innumerables premios.

Además, como todo lo que rodea a Queen tras la muerte de su vocalista, la obra se convirtió en un gran homenaje a la memoria de Freddie Mercury, desde el diseño e imagen de la misma, al enorme Freddie que presidió el teatro Dominion durante su estancia en él, hasta el personaje protagonista de la obra, Galileo, nombre que es una referencia a la letra de la canción de Queen «Bohemian Rhapsody» y que termina convirtiéndose en una reencarnación de Freddie Mercury.

MERCURY PHOENIX TRUST

Cuando los compañeros de Freddie Mercury, Brian May, Roger Taylor, John Deacon y el manager Jim Beach, organizaron el 20 de abril de 1992 el *The Freddie Mercury Tribute Concert for AIDS Awareness*, estaban creando algo mucho más grande que un festival en homenaje a su compañero y amigo.

El estadio mítico de Wembley no solo sirvió para que el mundo de la música y el arte en general, rindiera tributo al que para muchos ha sido el mejor cantante del pasado siglo, sino que de esa iniciativa nació Mercury Phoenix Trust, institución que traspasó lo meramente emocional del acto y se ha convertido en un brazo social del entorno de Queen para ayudar a luchar contra la enfermedad que les robó al amigo y está castigando al ser humano de forma cruel y despiadada.

Toda la recaudación del concierto de Wembley, los derechos de televisión, las posteriores ediciones en VHS, DVD y Blu-Ray, el merchandising y todo lo que envolvió el evento, fue destinada a la nueva organización sin ánimo de lucro Mercury Phoenix Trust.

Las más de 72.000 entradas vendidas para el concierto y los derechos de imagen y retransmisión de radio y televisión, que llevaron la señal a 76 países en todo el planeta, con una audiencia estimada de más de 500 millones de personas, generaron una recaudación de más de 200 millones de libras esterlinas, con las que inició su andadura Mercury Phoenix Trust.

Desde 1992 está funcionando hasta la actualidad, con Brian May, Roger Taylor, Jim Beach y Mary Austin, antigua novia y amiga íntima de Freddie Mercury, como administradores. La organización da apoyo a proyectos de educación y sensibilización, dirigidos principalmente a jóvenes en países del tercer mundo o en vías de desarrollo. La organización calcula que a día de hoy, hay más de 18 millones de huérfanos a causa del sida, que se han convertido en cabezas de familia forzados y de ellos depende la continuidad de

THE
MERCURY PHOENIX TRUST
FIGHTING AIDS WORLDWIDE

La organización, fundada en 1992, da apoyo a proyectos de educación y sensibilización,
dirigidos principalmente a jóvenes en países del tercer mundo o en vías de desarrollo

sus familias. Es por eso que aunque Mercury Phoenix Trust colabora con
grandes organizaciones no gubernamentales y organizaciones benéficas de
conocido prestigio, la mayor parte de sus fondos están destinados a pequeñas organizaciones de base, que trabajan sobe el terreno y no teorizan, como
suele pasar con las grandes organizaciones benéficas.

En los últimos 21 años, la fundación Mercury Phoenix Trust ha donado
más de 16 millones de dólares y financiado más de 700 proyectos de lucha
contra el VIH/sida. Tan solo en el año 2016 la fundación donó 292.668
libras en un total de 57 proyectos en 16 países diferentes.

Mercury Phoenix Trust que tiene su sede en Montreux, Suiza, donde la
banda tiene sus propios estudios de grabación, recibe el apoyo y colaboración
de grandes nombres del mundo del espectáculo y la cultura como son Robbie Williams, Stephen Fry, Matt Lucas, Bono, Spike Edney, Rober De Niro,
Roger Daltrey, Melanie C, Alfie Boe, Katty Pery, Al Murray, Jeff Beck, Ben
Elton, el equipo Red Bull de Formula 1 y Rovio, los creadores de Angry Birds,
que crearon un personaje dentro del juego en memoria de Freddie Mercury.

Además de organizar conciertos para recaudar fondos (como el del 5 de
septiembre de 2013, día que habría sido el 67º cumpleaños de Freddie, en el
cual actuaron Spike Edney y su All Star Band en el escenario de One May-
fair, antigua Iglesia de San Marcos de Londres), la Mercury Phoenix Trust
se subvenciona de millones de pequeñas donaciones particulares, y con ese
motivo desde el año 2010 organiza anualmente el 5 de septiembre, fecha
del cumpleaños de Freddie Mercury, el *Freddie For A Day*, desde el que se

invita al personal a vestirse como Freddie, o simplemente ponerse un bigote de Freddie y hacer actos públicos para recaudar fondos. Una divertida celebración que se está extendiendo con actividades muy diversas, desde fiestas de disfraces, pequeños conciertos, flash bombs multitudinarios, maratones y carreras de atletismo, ciclismo o natación, etc...

Si deseas más información sobre las actividades, proyectos o cómo donar y hacerte colaborador de Mercury Phoenix Trust, puedes dirigirte a esta web: www.mercuryphoenixtrust.com

2017. EL AÑO DE *BOHEMIAN RHAPSODY*

Desde hace ya varios años se está rumoreando sobre la posibilidad de que se realice un *biopic* sobre la vida de Freddie Mercury, algo que se ha vuelto una odisea de rumores, desmentidos y afirmaciones que no hacen otra cosa que despistar al fan, que se pregunta por qué Freddie Mercury, una de las personalidades más importantes de la música del siglo pasado, no tiene una película, cuando hay muchos personajes que se han visto en el cine con biografías oficiales y algunas no autorizadas: Jim Morrison, James Brown, Johnny Cash, Janis Joplin, etc...

La verdad es que Brian May y Roger Taylor llevan muchos años trabajando con esa posibilidad, pero hay que entender lo problemático del asunto en cuestión. La figura de Freddie Mercury, sobre todo a raíz de su muerte y toda la liturgia que se ha creado en torno a él, le convierte en un personaje muy vulnerable o, dicho de otra manera, hace muy vulnerables a los responsables del posible film.

Si esta historia cinematográfica no fuera del agrado de los fans, bien porque no llegar a colmar sus expectativas o en el peor de los casos, porque traiciona la imagen de Freddie que se han ido forjando a través de los años, los responsables, que en último caso serían Brian May y Roger Taylor, serían declarados enemigos públicos número 1. Ya no se trata de volver a poner a flote Queen sin Mercury; va mucho más allá, sería blasfemar sobre el legado de Freddie Mercury, un legado que no nos engañemos, han creado, fomentado, cuidado y engrandecido precisamente ellos.

Es una cuestión muy peliaguda, pero tras un proceso tortuoso parece que está llegando a su fin la historia cinematográfica de Freddie Mercury.

El *biopic* de Freddie Mercury está ya en marcha, al parecer y según ha transcendido, se centrará en los años previos a la aparición del grupo en el concierto Live Aid de 1985, que fue el momento más grande de la historia de la banda. El guión podría volcarse de forma muy real y verídica en los años más duros de la banda, años en los que fueron duramente criticados por su actuación en Sudáfrica y sufrieron periodos personales muy turbulentos, pero no entraría en la enfermedad y muerte de Mercury. Sería una oda a una ficticia caída de la banda y el auge y resurgir como ave fénix en el Live Aid. Esto que posiblemente no guste a parte de sus legiones de fans, que esperan que se narre la vida de su ídolo de principio a fin, es una buena maniobra para eludir las críticas que he comentado antes.

La película ya se encuentra en pre-producción y el director de la misma será Bryan Singer, popular por el maravilloso trabajo realizado con *The Usual Suspects* (*Sospechosos Comunes* en Hispanoamérica y *Sospechosos Habituales* en España) y que ha realizado películas interesantísimas de ciencia-ficción como *X-Men* o *Superman Returns*; el guión correrá a cargo de Peter Morgan, uno de los guionistas más solicitados desde 2013 tras sus dos nominaciones a los Oscars por *El desafío*, *Frost contra Nixon* y *The Queen*.

El film iba a ser protagonizada por Sacha Baron Cohen, conocido por sus papeles en las películas de *El Dictador* y *Borat*, pero abandonó la producción por diferencias creativas con los integrantes de la banda. Tal y como él mismo reflejó: «Un miembro de la banda, no diré cuál, dijo que Freddie debía morir a la mitad de la película. Yo contesté, o sea, algo tipo *Pulp Fiction*, donde el final ocurre a la mitad y la mitad al final, ¿no? Suena interesante. Y él dijo: No, no. ¿Qué ocurre en la segunda mitad de la película, entonces?, pregunté. Bueno, veremos cómo la banda sale adelante pese a todo, contestó. Y yo dije que nadie vería una película en la que el protagonista muere a la mitad y luego se nos sigue contando qué ocurre con el resto del grupo». Esto no concuerda en absoluto con las pistas que han ido dejando los protagonistas de la historia y que básicamente se centra en lo que hemos contado anteriormente, pero siempre nos quedarán las dudas hasta que no se estrene el film.

Oficialmente, el papel de Freddie Mercury lo terminará haciendo Rami Malek, conocido por su papel en la serie *Mr. Robot* e interesantes aportaciones a *Noche en el Museo* y la saga adolescente *Crepúsculo*.

La producción corre a cargo de Graham King y los tres miembros vivos de Queen, Brian May, Roger Taylor y John Deacon, aunque este último dio

su visto bueno y se desentendió del
resto del trabajo. Si nada cambia y el
proyecto no se desploma, otra vez,
veremos *Bohemian Rhapsody*, que es el
título oficial de la película, estrenarse
en 2017.

Se trata sin duda alguna, de la
piedra más importante que Queen
ha colocado en el gran templo de
Freddie Mercury, *Bohemian Rhapsody* significará la eclosión de todos los
esfuerzos por canonizar a Freddie
Mercury, de preservar la leyenda y
por qué no decirlo, perpetuar el eter-
no negocio que significa hoy en día
su memoria. No hace falta ser extremadamente inteligente para suponer
que la película cuando se estrene será

El actor Rami Malek será quien, al parecer,
interprete a Freddie Mercury en el *biopic*
Bohemian Rhapsody.

un éxito rotundo en taquilla, recibirá duras críticas por parte de la prensa,
de toda, de la musical, de la generalista, de la rosa, de la amarilla, y sobre
todo tendrá el beneplácito del público, de los fans que se rendirán a Freddie
Mercury y de los melómanos en general que serán más críticos y menos
condescendientes; pero todos juntos conseguirán que sea un récord en taquilla, como lo fue en su día la obra de teatro *We Will Rock You (El Musical)*,
exactamente lo mismo.

EL REVIVAL INTERMINABLE. BANDAS TRIBUTO

Una banda de la importancia de Queen ha generado a su alrededor un ejér-
cito de replicantes que ofrecen con mayor o menor acierto la magia de la
Reina en concierto. Apoyados por la popularidad de la banda, la gran historia que hay detrás de ella, el liderazgo incombustible de Freddie Mercury y
el hambre que existe por vivir una experiencia con la música de Queen, han

surgido bandas tributo por doquier. Alimentados por la escasez de interés del público por conocer lo nuevo y el permanente estado de nostalgia que se vive en la música actual, la industria, el circuito de conciertos de pequeño, mediano y gran aforo y el público, las bandas tributo hoy en día venden humo de colores y ambientador nostálgico, pero humo al fin y al cabo, que sin embargo funciona de forma perfecta y contribuye a engrandecer la imagen y la historia de Queen.

Antes de nada, decir que es imposible reflejar la totalidad de bandas tributo que existen en el planeta, se necesitarían dos libros como este solo en ese menester, y además confirmar que solo existe una banda tributo oficial, o la única que está auspiciada por la propia banda y es *The Queen Extravaganza*.

The Queen Extravaganza es un espectáculo diseñado para rememorar toda la magia de Queen y está controlado por los dos músicos en activo de la banda, Brian May y Roger Taylor. Es precisamente Taylor, junto a Spike Edney que acompañó en los teclados a Queen, quienes ejercen las veces de productores del espectáculo y diseñan el mismo. El mismo Taylor fue el encargado de buscar y elegir a los miembros del grupo, recayendo esa labor en el vocalista Marc Martel, el guitarrista Nick Radcliffe, el batería y director musical Tyler Warren y el bajista Francois-Olivier Doyon.

Según Taylor: «The Queen Extravaganza es un nuevo espectáculo especialmente diseñado para permitir a los nuevos fans, junto con los aficionados

The Queen Extravaganza es un espectáculo controlado por Brian May y Roger Taylor, diseñado para rememorar toda la magia de Queen.

de antaño, celebrar la música de Queen. Es muy espectacular, es muy visual. Será una celebración de rock en la tradición Queen».

Una vez dicho esto, queda claro que no existe ninguna otra banda tributo a Queen que sea oficial, pueden tener mayor o menor comunicación con la banda, haber contado con alguna frase halagadora, compartir fotos e incluso contar con el beneplácito de May y Taylor, pero no serán oficiales, porque entre otras muchas cosas no las controlan ellos y si algo hemos aprendido de Queen y su universo, es que todo, absolutamente todo, está controlado por Brian May y Roger Taylor, que no permiten que nada quede en manos de la diosa improvisación.

Ahora vamos a repasar algunas de las bandas tributo más interesantes que existen en la faz de la tierra, y que dedican su tiempo, esfuerzos y beneficios a endiosar a Queen y particularmente a Freddie Mercury. Evidentemente no están todas las que son, pero son todas las que están.

Comenzaremos con España, donde encontramos la banda de Momo Cortés, quien protagonizó la versión española de *We will rock you*. Su banda, Momo, ha sido elogiada por el propio Brian May: «Momo es un artista que le hubiera encantado a Freddie. Tiene una descarada calidad, no conoce el miedo y canta como el mismo diablo», tras su actuación como única banda hispana en la XXIV Convención de Fans de Queen en Inglaterra. Actualmente está realizando la gira Queen Mission Tour.

Además existen dos bandas más con buenas credenciales, Queen Forever lideradas por Tolo Sanders, que al cierre de este libro entrará a formar parte de un programa de televisión imitando a Freddie Mercury y además otra formación que a veces se anuncia como Queen Forever y en ocasiones como Mercury Forever (suponemos que por problemas de registro) y que está liderara por Rafael Arenas.

En Argentina está el que se vende como el mejor homenaje a Queen de todos los tiempos, Dios Salve a la Reina, liderados por Pablo Padín, que posee un enorme parecido a Freddie Mercury y con el tuneado oportuno el público lo identifica rápidamente con él. Funcionan desde el año 1998 y actualmente es una banda de gran éxito internacional con más de 200 conciertos al año, en 25 países de cuatro continentes.

Dios Salve a la Reina actúan para grandes multitudes como es el caso de los 35.000 asistentes a su concierto del Mathew Street Festival de Liverpool, en Inglaterra o las más de 250.000 personas de las Fiestas del Pilar en Zaragoza, España. Se trata de una formación que ha conseguido rodearse de un equipo técnico que conoce muy bien a Queen y en algunos casos han

En España encontramos la banda de Momo Cortés, quien protagonizó la versión española de *We will rock you*.

trabajado con la banda, logrando un sonido casi idéntico a Queen en directo y un equipo de iluminación espectacular. Podemos decir que hoy en día es una banda que está plenamente sumergida en el mainstream con un status de auténticas estrellas de rock, lo que contrasta muchísimo con el hecho de ser simplemente una banda tributo, que jamás interpreta temas propios y que lejos el mero homenaje, no aporta nada a la música, dicho sea de paso y sin animadversión, como todas las bandas tributo del planeta, sea cual sea su artista o banda homenajeada.

Otro tributo desde Argentina es One o Doctor Queen, denominado como El Rey De Los Tributos En El Mundo. Proyecto personal de Jorge Busetto, personaje que reconoce que descubrió la música de Queen el mismo año que murió Freddie Mercury. Jamás ha cantado en directo con otra banda y se ha consagrado en cuerpo y alma a homenajear a Freddie Mercury. Popularmente conocido a nivel mundial, además de actuar con su banda, ha sido invitado a programas de TV y ha rodado anuncios publicitarios, sobre todo en Argentina y España.

En Italia destaca la banda White Queen, con un vocalista excepcional como es Piero Venery al frente. Actualmente esta banda ha sido fichada por la productora musical Due Music S.L. que de 2005 a 2014 trabajó con Dios Salve a la Reina, y realiza el espectáculo *Forever Queen*. La venden como la mejor banda tributo del mundo y destacan el vestuario y puesta en escena como la mejor imagen en directo del show de la Reina.

Pero como productoras que buscan realizar su negocio a base de tributos, se lleva la palma la productora Moon World, quien trabaja con One World Symphonic Orchestra tocando conjuntamente con una banda de rock y cantantes de primer orden internacional entre los que figuran desde vocalistas de heavy a sopranos profesionales. Realizan el espectáculo *Symphonic Rhapsody of Queen*, con más de dos horas de clásicos de la banda y un rotundo éxito de público. Un espectáculo que compaginan con otros tributos a Abba, Pink Floyd y uno genérico llamado History of Rock.

El universo Queen es tan extenso y grandioso que posiblemente sea la banda clásica del rock que más grupos y espectáculos tributo posea. No todos son de la calidad que debe exigirse a estos ejercicios musicales de nostalgia y no pasaremos a discutir sobre la calidad ética de algunas propuestas; se trata de una opción lícita, disfrutar de la música de Queen pero sin Queen, compartir una noche de tu vida con un ficticio Freddie Mercury, porque es de eso de lo que se trata, pero sabiendo que Mercury solo hubo uno y ni es imitable y desde luego es irremplazable.

Algunos músicos de bandas tributo han tenido la desfachatez de criticar en público la vuelta a los escenarios de Brian May y Roger Taylor, argumentando que no es lo mismo, que echas de menos a Freddie Mercury, como si en sus espectáculos no pasara lo mismo o peor en muchos casos. La desfachatez suprema la encontramos cuando algunos de ellos arremetían sin piedad contra Paul Rodgers, el primer vocalista que salió con Queen de gira tras la muerte de Freddie Mercury, argumentando que no era digno de estar ahí. ¿Digno de estar ahí?. La palabra dignidad se utiliza de forma muy fácil y pierde su significado cuando un mero imitador se atreve a criticar a toda una estrella del rock como Paul, con un bagaje impresionante que no necesita defensa alguna ni justificación, y sobre todo cuando su dignidad como profesional la dejó clara cuando afirmó «No he venido a sustituir a nadie. He venido a trabajar con dos músicos a los que admiro, interpretando a mi manera la música de un grupo que siempre me gustó».

Si eres de los que te gustan las bandas tributo, aquí tienes algunas cuantas más de las que hemos podido reflejar en este capítulo.

– Alemania: The Great Pretender. Mayqueen. Merqury. Queenkings.
– Argentina: Dios Salve A La Reina. Opera Prima. Rivendel. One. Doctor Queen.
– Australia: Fat Bottomed Girls. Killer Queen. Taqts.
– Bélgica: Pilgrims.
– Brasil: Classical Queen. Lurex. Queen Tribute Brazil. The Royal Queen.
– Canadá: Simply Queen. Queen Flash.
– República Checa: Princess.
– Corea: 0Ueen.
– Dinamarca: Queen Jam. Queen Machine. Queen Of Denmark.
– España: Momo. Queen Forever. Mercury Forever.
– Francia: Cover Queen.
– Holanda: Miracle. We Are Not Queen.
– Hungría: Queen Unplugged Project.

– Inglaterra: The Bohemians. Pure Magic. Flash. Ga Ga. Queen On Fire. Kings Of Queen. Magic Mercury. The Queens. One Night Of Queen. Qeii. The Great Pretender. Queen Rocks. Forever Queen. Rhapsody Queen Tribute Uk. Stone Cold Queen. The Champions. Mr Mercury.

– Irlanda: Flash Harry.

– Italia. White Queen. Effettonotte. Killer Queen. Merqury Band. Queentet. Everqueen. Liar Queen. Queenmania. Queen Of Bulsara. The Bohemians Queen. Magic Queen. Bohemian Rhapsody. The Dragon Attack. Good Company. Queenall. Queen In Rock.

– Japón: K.c.rhye.

– México: Sixpence Tribute To Queen.

– Noruega: I Want It All.

– Polonia: Silk. Magic Of The Queen. Queen Band. Lord-Sound Of Queen.

– Portugal: Queen On The Rocks. A Kind Of Queen. One Vision.

– Suecia: Queer

BIBLIOGRAFÍA

Libros

Blake Mark, *Freddie Mercury. A kind of magic*, Art Blume, Barcelona, 2016

Blake, Mark, *Is this the real life? The untold story of Queen*, Aurum Press Limited, Londres, 2010

Blay, Arturo, *Queen: La reina del espectáculo*, La Máscara, Valencia, 1996

Clará, Israel, *La Nit que vaig deixar d'escoltar Queen*, Omicron, Barcelona, 2008

Gunn, Jacky/ Jenkins, Jim, *Queen: As In Began*, Pan Books, Londres, 1993

Haley, Alex, *Queen*, Grijalbo, Barcelona, 1994

Jackson, Laura, *Queen. The definitive Biography*, Piatkus Books, Londres, 1999

Jones, Lesley-Ann, *Freddie Mercury. La biografía definitiva*, Alianza, Madrid, 2012

Konigson, Marc-Emmanuel, *Queen Baroque'n'roll. Une historie du groupe anglais*, Tournon, París, 2008

Lowe, Jack, *Queen's Greatest Pix*, Charles River Books, EEUU, 1982

Marten, Neville/ Hudson, Jeffrey, *Rock lives: The ultimate Story Freddie Mercury & Queen*, Faber and Faber, Londres, 1995

May, Brain/ Taylor, Roger, *40 Years Of Queen*, Carlton Books Limited, Londres, 2011

May, Brian/ Bradley, Simon, *Brian May's Red Special*, Carlton Books Limited, Londres, 2014

Mercury, Freddie/ Brooks, Greg/ Lupton Simon, *Freddie Mercury. Su vida contada por él mismo*, Robinbook, Barcelona, 2007

Muños, David, *Queen*, La Máscara, Valencia, 1999

Pryce, Larry, *Queen - An Official Biography Plus Their Recent U.S. Royal Tour*, Star Books, EEUU, 1976

Queen, *A magic tour*, Sidwick & Jackson, Londres, 1987

Queen. Canciones, Fundamentos, Madrid, 2003

Rauer, Selim, *Freddie Mercury*, Arthème Fayard, Francia, 2008

Freestone, Peter/ Evans, David, *Freddie Mercury*, Tusitalia, Londres, 2001

Richmond, Melina, Queen. The secret revealed, Magic Plublications Ltd., Londres, 1997

Ryder, Stephen, *There are the days of our lives*, Kingsleet, Londres, 1992

Sutcliffe, Phil, Queen. *La historia ilustrada de los reyes del rock*, Grijalbo, Barcelona, 2009

Tremlett, George, *Queen*, Futura, EEUU, 1976

West, Mike, *Queen. The first ten years*, Babylon Books, Londres, 1976

West, Mike, *Queen. The first twelve years*, Babylon Books, Londres, 1984

Websites

All Music. allmusic.com

BBC Radio. bbc.co.uk/music

Billboard. billboard.com

Consulta México. e-consulta.com

Daily Mirror. mirror.co.uk

Jot Down. jotdown.es

Mercury Phoenix Trust. mercuryphoenixtrust.com

NASA. nasa.gov

New Musical Express. nme.com

Official International Queen Fan Club. queenworld.com

Queen Collection Argentina. myqueencollection.com.ar

Queen Concerts. queenconcerts.com

Queen en México. queenmexico.blogspot.com

Queen News. brianmay.com/queen/queennews

Queenpedia. queenpedia.com

Rolling Stone. rollingstone.com

The Aerogram. theaerogram.com

The Sun. thesun.co.uk

The Telegraph. telegraph.co.uk

Top Of The Pops. bbc.co.uk/programmes

Playlist

Puedes acceder a esta selección como playlist en la web de streaming musical Spotify con el siguiente enlace:

http://cort.as/wqHn

Todos los títulos de la colección:

Guías del Rock & Roll

Indie & rock alternativo - *Carlos Pérez de Ziriza*

Country Rock - *Eduardo Izquierdo*

Soul y rhythm & blues - *Manuel López Poy*

Heavy Metal - *Andrés López*

Rockabilly - *Manuel López Poy*

Hard Rock - *Andrés López*

Dance Electronic Music - *Manu González*

Rockeras - *Anabel Vélez*

Reggae - *Andrés López*

Mitos del Rock & Roll

Bob Dylan - *Manuel López Poy*

Pink Floyd - *Manuel López Poy*